UNIVERSITÉ DE FRANCE.

ACADÉMIE DE STRASBOURG.

THÈSE POUR LA LICENCE,

PRÉSENTÉE

A LA FACULTÉ DE DROIT DE STRASBOURG

ET SOUTENUE PUBLIQUEMENT

le Mardi 17 Août 1852, à trois heures de l'après-midi,

PAR

ALFRED SCHMITT,

de Strasbourg (Bas-Rhin).

STRASBOURG,

DE L'IMPRIMERIE D'ÉDOUARD HUDER, RUE DES VEAUX, 27.

1852.

A LA MÉMOIRE

DE MON PÈRE.

A MA MÈRE.

A. SCHMITT.

A MON GRAND-PÈRE

MONSIEUR BATISTON.

Hommage et reconnaissance.

A. SCHMITT.

FACULTÉ DE DROIT DE STRASBOURG.

MM. AUBRY ✻. . . . . . . doyen et prof. de Droit civil français.
RAUTER ✻ . . . . . . doyen honor. et prof. de procédure civile et de législation criminelle.
HEPP ✻ . . . . professeur de Droit des gens.
HEIMBURGER . . . . . professeur de Droit romain.
THIERIET ✻ . . . . . professeur de Droit commercial.
SCHÜTZENBERGER ✻ . professeur de Droit administratif.
RAU ✻. . . . . professeur de Droit civil français.
ESCHBACH . . . . . . professeur de Droit civil français.

BLŒCHEL ✻ . . . . . professeur honoraire.

DESTRAIS. . . . . . . professeur suppléant.
LUQUIAU . . . . professeur suppléant.

BÉCOURT, officier de l'Université, secrétaire, agent compt.

MM. HEPP, président de la thèse.

HEPP,
HEIMBURGER,
THIERIET,
SCHUTZENBERGER,
} examinateurs.

La Faculté n'entend approuver ni désapprouver les opinions particulières au candidat.

DROIT CIVIL FRANÇAIS.

DES ACTES DE L'ÉTAT CIVIL.

INTRODUCTION.

On entend en général par état civil ou *privé* la position d'un individu à laquelle sont attachés des droits et des devoirs; c'est l'état d'un homme qui fait partie d'une société et qui jouit des prérogatives accordées aux membres de l'association. L'homme jouit comme tel de l'état civil ou *privé;* mais comme il ne naît pas pour vivre dans la solitude, la société est intéressée à ce que le classement des familles et des individus soit fait d'une manière régulière et certaine.

Nous verrons, en parcourant l'histoire et la législation des divers peuples de l'antiquité et la nôtre, de quelles manières différentes fut constaté l'état des hommes et quelles furent les preuves admises.

§ 1er. *Aperçu historique jusqu'en* 1789.

Peu nombreux encore et sortant à peine de l'enfance, les peuples primitifs n'eurent d'autre besoin que de lever des soldats, et les dénombrements qui, d'époque en époque, établissent la population de chaque contrée, n'avaient guère d'autre but. Une pierre, un mythe, un tombeau, jalonnaient, de siècle en siècle, l'histoire d'une famille ou d'une nation entière.

Les Juifs dont l'histoire est la plus ancienne ne paraissent pas avoir établi d'actes de l'état civil; les naissances et les décès n'étaient constatés chez eux que par certains rits religieux dont l'administration civile ne conservait aucun souvenir.

Lorsque les sociétés se civilisèrent, elles durent établir des règles pour reconnaître les individus qu'elles comptaient ou qu'elles admettaient au nombre de leurs membres. Le témoignage traditionnel devint insuffisant, il fallut des registres publics, et les actes de l'état civil furent créés.

A Athènes des officiers spéciaux étaient chargés d'inscrire, sur les registres de la curie, les jeunes Athéniens dès l'âge de trois ou quatre ans; mais cette inscription se faisait dans un but politique et non pour constater l'état civil; elle n'était établie qu'en faveur des hommes libres, la loi ne s'occupant pas des esclaves, auxquels elle ne conférait aucun droit politique et ne demandait aucun service militaire.

A Rome, Servius Tullius ordonna [1] qu'on déclarerait les naissances des citoyens au gardien du trésor du temple de Junon Lucine, les décès à celui du temple de Vénus Libitine, et la prise de la robe virile à celui du temple de la Jeunesse. La première de ces déclarations est appelée dans le droit et les auteurs *professio natalis, professio apud acta* ou *in actis*. Ces registres des déclarations étaient très-vraisemblablement destinés à servir de contrôle à ceux du Cens, dans un but politique [2]. Les dernières lois [3] de Servius Tullius décidèrent, en outre, que ces déclarations civiles étant faites sans aucune solennité et sans la présence de témoins, ne suffisaient point pour constater la filiation ou l'état;

1. Denys d'Halicarnasse, *in fol.*, 1588, p. 117.

2. Berriat-Saint-Prix, Recherche sur la légis. des act. de l'ét. civ., p. 3.

3. Voy. sur ces divers points, les lois 14, C. *de probationibus;* 15, 22, 24 et 30, C. *de liberali causa;* 20, D. *de probationibus;* 7, C. *de donationibus;* 6, C. *de fide instrumentorum.*

qu'elles ne nuisaient pas, lorsqu'on voulait en établir un différent, et que leur omission n'empêchait pas non plus la preuve de l'état. Le père de famille constatait la naissance de l'enfant par une inscription sur ses livres domestiques, et la filiation, la légitimité se prouvaient soit par de tels écrits, soit par témoins, soit par lettre du père à la mère.

L'usage généralement suivi par les peuples de l'antiquité d'embaumer les corps et de les exposer en public rendait moins nécessaire peut-être la constatation écrite de la mort, et le peuple romain paraît être le seul qui ait eu des registres pour inscrire les décès[1].

Sous la République les registres des naissances et décès furent confiés aux préteurs, mais plus tard les bouleversements qui suivirent la chute de la République firent tomber cet usage en désuétude. Il fut rétabli par Marc-Aurèle qui ordonna que dans tout l'empire des registres fussent établis, que chaque enfant y fût inscrit, en lui donnant un nom au plus tard dans les trente jours de sa naissance, qu'à Rome les registres fussent confiés aux préfets du trésor de Saturne, et dans les provinces à des greffiers que l'empereur établit pour cet objet.

Chez les barbares du Nord, il n'y avait pas de mode régulier de constatation des naissances et décès; conquérantes et dévastatrices, ces générations armées s'élancèrent de leurs forêts pour s'éteindre dans les batailles; en mourant, le Hun et le Franc ne laissait d'autre héritage que ses armes et le butin qu'il avait pillé la veille; il était enterré sur le sol conquis, et personne n'avait intérêt à continuer son nom, à faire vivre sa mémoire. Peu à peu les vainqueurs se mêlèrent aux vaincus; à l'esprit de conquête succéda celui de conservation, l'instinct de la propriété créa des familles, une société, et l'on sentit le besoin d'établir un état civil.

Nous voici arrivés à l'origine de la monarchie franke dont nous

1. Hutteau d'Origny, de l'état civil, introd.

allons passer en revue les différentes phases de législation au sujet des preuves de l'état civil. Pendant les premiers temps de la monarchie, c'est la possession qui servait de preuve de l'état civil, c'est par des enquêtes sur les faits que l'on constatait les naissances, les mariages et les décès. Les nobles seuls, au retour des croisades, prirent soin de faire écrire par des clercs l'indication de leur naissance; ces constatations s'inscrivaient le plus souvent sur le missel de la châtelaine et étaient un tableau généalogique en même temps qu'un titre d'état civil.

Les plus anciens registres de l'état civil de Paris remontent à l'an 1515[1]; ils étaient tenus par le clergé et constataient les baptêmes, les bénédictions nuptiales et les sépultures en terre sainte : ces registres n'étaient donc relatifs qu'à l'administration des sacrements, et n'avaient aucun rapport avec les intérêts temporels.

Tel était l'état civil en France, lorsque parut en 1539 l'ordonnance de François Ier, de Villers-Cotterets. Cette ordonnance décida (art. 50) que les chapitres, couvents et curés, inscrivissent sur un registre la mort des bénéficiers, pour faire pleine foi en justice. Par les art. 51 et suivants, le temps et l'heure des naissances durent être constatés; les registres des baptêmes et des décès furent soumis à la signature d'un notaire indépendamment de celle du curé ou du notaire des chapitres et couvents; enfin le dépôt annuel de ces registres aux greffes des bailliages et sénéchaussées fut prescrit au clergé. Avant d'aller plus loin, observons que cette dernière et si utile mesure du dépôt, renouvelée dans la suite par plusieurs ordonnances ou édits, ne put jamais être exécutée, et que les ecclésiastiques surent toujours se soustraire aux peines prononcées par les lois pour leur désobéissance. Il fallut deux siècles pour les soumettre et ce ne fut que lorsque Louis XV ou plutôt d'Aguesseau eût établi des registres doubles, que les greffiers des tribunaux furent mis en possession de ces documents si importants pour la tranquillité des familles et des particuliers.

1. Paroisse de Saint-Jean-en-Grève, Paris.

A l'égard des mariages, une chose assez singulière, c'est que le législateur n'ait pensé que fort tard à faire constater d'une manière régulière un engagement si important; un abus grave éveilla particulièrement son attention, beaucoup de mariages se contractaient clandestinement et à l'insu des personnes dont l'autorisation était nécessaire d'après les lois; l'ordonnance de Blois, rendue par Henri III en 1579 sur les plaintes et doléances des Etats généraux, y remédia en prescrivant que les mariages seraient précédés de trois publications à trois jours de fête différents, dont on ne pourrait dispenser que pour causes graves; qu'ils seraient célébrés en présence de quatre témoins, qu'on y mentionnerait la représentation du consentement des ascendants pour les mineurs, et enfin prescrivit d'en faire registre. Par l'art. 181 de la même ordonnance, il fut enjoint aux greffiers en chef d'exiger chaque année des curés et vicaires de leur ressort l'apport au greffe des registres des baptêmes, mariages et sépultures de leurs paroisses, sous peine de saisie de leur temporel.

Louis XIV, dans son ordonnance de Saint-Germain-en-Laye de 1667, établit que les preuves de l'âge, du mariage et du temps du décès seraient reçues par des registres en bonne forme qui feraient foi et preuve en justice.

En 1691 parut un édit portant création de greffiers-gardes et conservateurs des registres de baptêmes, mariages et sépultures, auxquels les parties auraient le droit de recourir, s'il en était besoin. Cet édit tomba en désuétude et pour ce motif fut abrogé en 1716.

La déclaration de 1736, ouvrage du chancelier d'Aguesseau, concernant la forme et la tenue des registres des baptêmes, mariages et sépultures, vint établir des règles plus certaines. Aux termes de cette déclaration, il fut établi dans chaque paroisse deux registres réputés tous deux authentiques et faisant également foi en justice pour y inscrire les baptêmes, mariages et sépultures qui se feraient dans le cours de chaque année; ces registres durent être cotés et paraphés par le lieutenant-général ou autre premier officier de bailliage, et les actes inscrits de suite et sans blanc et signés par ceux qui les devaient signer. Mais cette ordonnance conservant au clergé les fonctions d'officiers de l'état civil, il en résultait un grave inconvénient pour les familles de ceux qui n'étaient pas baptisés et enterrés par les curés. C'est pour y remédier que furent établies quelques dispositions exceptionnelles en faveur des protestants et de tous ceux qui n'étaient pas inhumés par le clergé catholique.

En vertu de l'édit de Nantes, l'état civil des protestants et autres réformés était constaté par les ministres de leur culte; les registres se tenaient aux consistoires. L'édit d'octobre 1685 leur enleva ces droits, en leur enjoignant de faire baptiser dorénavant leurs enfants par les curés des paroisses. La naissance des enfants non baptisés par l'église catholique ne fut constatée sur aucun registre, et les prêtres catholiques seuls purent célébrer et constater les mariages. La déclaration de 1685 ordonna que les décès des protestants ainsi que ceux des autres personnes qui ne jouissaient pas de la sépulture ecclésiastique fussent constatés par les juges royaux sur l'attestation de deux témoins.

Malgré la sévérité des lois contre les membres de la religion réformée, il est à remarquer que les tribunaux en tempérèrent bien souvent la rigueur, en admettant les non catholiques à la preuve de leur état civil par tous autres moyens que les extraits des registres des paroisses.

Par exception, les réformés et les juifs d'Alsace avaient des registres particuliers tenus par leurs pasteurs ou rabbins. A Paris, l'aumônier attaché à la légation de Suède constatait l'état civil des Français de la communion luthérienne.

Cet état de choses disparut devant la conscience éclairée de Louis XVI. L'édit du 28 novembre 1787 rendit aux protestants la plénitude de l'état civil; les officiers de justice furent chargés d'en dresser les actes. Mais il restait un grand pas à faire, il fallait soumettre tous les Français aux mêmes règles, et faire disparaître dans la loi civile toute distinction de sectes et de religions; c'est ce que réalisa la révolution de 1789, en proclamant le principe de la séparation de l'établissement religieux de l'autorité politique.

§ 2. *Législation depuis* 1789.

L'Assemblée constituante posa le principe en ces termes : «Le pouvoir législatif établira, pour tous les habitants sans distinction, le mode par lequel les naissances, mariages et décès seront constatés, et il désignera les officiers publics qui en recevront et en conserveront les actes[1].» En conséquence, l'Assemblée législative rendit le décret du 20 septembre 1792, dont les principales dispositions sont : «Les municipalités (tit. 1er) recevront et conserveront à l'avenir les actes destinés à constater les naissances, mariages et décès. Les conseils généraux des communes nommeront parmi leurs membres, suivant l'étendue de la population des lieux, une ou plusieurs personnes qui seront chargées de ces fonctions. Il y aura dans chaque commune (tit. 2) trois doubles registres pour constater les naissances, mariages et décès; l'un des doubles sera déposé chaque année chez le directeur général du district où il sera vérifié, l'autre double restera aux archives des municipalités. Les actes contenus dans ces registres et leurs extraits feront foi et preuve en justice. Le titre 3me est relatif aux naissances. Le 4me traite du mariage, des qualités et conditions requises pour contracter mariage ; de l'âge, fixé à quinze ans pour les hommes et treize pour les filles; du consentement des père et mère ou de cinq parents ou voisins, quand les enfants n'auront pas de parents; des publications, oppositions et du divorce. Le titre 5me concerne les décès, et le 6me énonce des dispositions transitoires qui enjoignent au maire ou à un officier municipal de se transporter, dans la huitaine de la publication de ce décret, aux églises paroissiales, presbytères et aux

1. Constit. de 1791, tit. II, art. 7.

dépôts des registres de tous les cultes, pour dresser inventaire de tous les registres existants, lesquels devront être clos et arrêtés par le maire, et déposés à la maison commune; les actes de l'état civil continueront d'être inscrits sur les mêmes registres jusqu'au 1er janvier 1793. Les municipalités resteront seules chargées des registres de l'état civil, et défenses sont faites à toutes personnes de s'immiscer dans leur tenue.»

L'Assemblée législative, après avoir déterminé le mode de constatation de l'état civil des citoyens, déclara qu'elle n'entendait ni innover ni nuire à la liberté qu'ils ont tous de faire consacrer les naissances, mariages et décès par les ministres du culte auquel ils sont attachés; disposition rassurante, mais dont les violences révolutionnaires firent bientôt sentir toute l'inefficacité.

Un décret additionnel du 19 décembre 1792 compléta celui du 20 septembre concernant le mode de constater l'état civil des citoyens par les municipalités; il fixa sous une pénalité le délai de trois jours, dans lequel devaient être faites les déclarations de naissance et décès.

Quelques évêques s'étant opposés à la prise de possession des registres du clergé par les officiers municipaux, le conseil exécutif, dans une proclamation du 22 janvier 1793, défendit de nouveau au clergé de s'immiscer en rien dans la tenue des actes de l'état civil.

La tourmente révolutionnaire dut amener la destruction ou la perte, dans certaines localités, des actes de l'état civil ; il y fut pourvu par le décret du 2 floréal an III, aux termes duquel tous les registres perdus ou détruits depuis le 14 juillet 1789 furent remplacés, s'il en existait des doubles dans l'un des dépôts, par des copies que fit faire le directoire du département. Dans le cas où les deux originaux auraient été perdus, il fut fait trois listes, l'une des naissances, l'autre des mariages et divorces et la troisième des décès ; chacune de ces listes, faite par des commissaires choisis par le conseil municipal, dut contenir autant que possible les dates des naissances, mariages et décès d'après les renseignements fournis par les papiers de famille ou autres, par les déclarations de parents ou d'étrangers. Un double de chaque liste fut déposé pendant deux mois au secrétariat de la commune ; pendant ce délai, tous les citoyens furent admis à faire les réclamations et observations tendant à la rectification des listes ; après ce délai, lecture fut faite, dans une assemblée générale, desdites listes et réclamations, et les articles qui ne souffrirent aucune rectification furent arrêtés et signés définitivement par un officier municipal.

Le 28 pluviôse an VIII, la loi relative à l'administration substitua les maires et adjoints aux agents municipaux. L'arrêté du 19 floréal de la même année, pour assurer l'uniformité des actes de l'état civil, prescrivit des modèles d'actes dont durent se servir dorénavant tous les maires.

Un arrêté du 25 vendémiaire an IX prescrivit la confection de tables décennales.

Nous arrivons maintenant au Code civil dont le titre relatif aux actes de l'état civil a été l'objet d'investigations approfondies. Les motifs de ce titre ont été exposés au Corps législatif par le conseiller d'État Thibaudeau dans la séance du 10 ventôse an XI. Le rapport au Tribunat a été fait par M. Siméon le 17 ventôse de la même année. Le tribun Chabot porta au Corps législatif, le 20 ventôse, l'expression du vœu approbatif du Tribunat. Enfin, la loi relative aux actes de l'état civil, décrétée le 20 ventôse et promulguée le 3 germinal de la même année (21 mars 1803) devint le titre deuxième du Code Napoléon.

Lors du concordat conclu entre le pape et le premier consul [1], ce titre fut l'objet d'une approbation expresse de la part du souverain pontife, qui mit fin à toutes réclamations et sanctionna par là la séparation du pouvoir civil du pouvoir religieux. Le clergé continua à tenir des registres de baptêmes, bénédictions nuptiales et sépultures de tous ceux qui recouraient à son ministère, et tous les Français

1. 23 fruct. an IX (10 sept. 1801.)

furent soumis à cette loi civile qui surpasse de beaucoup toutes les autres législations, et que la plupart des peuples nos voisins soumis à des gouvernements où domine plus ou moins l'autorité religieuse n'ont pu imiter.

Un sénatus-consulte du 28 floréal an XII établit la manière de constater l'état civil des membres de la famille impériale; les fonctions d'officiers de l'état civil furent confiées à l'archichancelier.

L'ordonnance du 23 mars 1816 détermina les formalités nécessaires pour constater l'état civil des princes et princesses de la famille royale.

Les inconvénients que présenterait la restitution au clergé des registres de l'état civil, ont été l'objet de controverses vives et fréquentes de la part de la presse sous la Restauration. La controverse a passé même de la presse à la tribune, et au commencement de l'année 1816, Lachèse-Murel, député, a fait la proposition formelle de remettre la tenue des registres de l'état civil aux ministres du culte [1]. Cette proposition n'a pas eu de résultat législatif.

Avant de passer à l'examen détaillé de notre législation sur les actes de l'état civil, jetons un coup d'œil comparatif sur celle des peuples nos voisins. Dans quelques pays, tels que Naples, la Belgique, la Hollande, que, par la puissance de ses armes, Napoléon avait soumis aux lois françaises, les dispositions de notre Code relatives aux actes de l'état civil sont restées en vigueur, sauf de légères modifications. Dans la Norwège, la Suède, le Danemark, la Suisse et la Prusse, les actes de l'état religieux tenus par les prêtres sont les actes de l'état civil; mais il est à remarquer que, dans ce dernier pays, les sectateurs d'une religion seulement tolérée, et qui n'y ont pas d'établissement ecclésiastique, font leur déclaration au pasteur de la paroisse, lequel inscrit leurs actes sur les registres annuels comme ceux de tous les autres citoyens [2]. En Bavière de même qu'en Autriche, les actes de l'état ci-

1. *Moniteur* du 19 janvier 1816.

2. Cod. prus., 2e partie, tit. XI, art. 498 et 499.

vil sont dressés et les registres tenus par les ecclésiastiques ; mais les codes bavarois et autrichiens ne tracent aucune règle à ce sujet. En Angleterre, où la religion fait partie des institutions de l'État, les naissances, mariages et décès s'inscrivent sur les registres de la paroisse ; on en exclut les enfants de celui qui refuse pour eux les cérémonies anglicanes du baptême.

§ 3. *Généralités.*

Pour être sujet d'un rapport juridique et jouir de certains droits, il faut exister physiquement; il est donc évident que celui qui n'existe pas et celui qui a cessé d'exister ne peuvent être sujets d'un rapport juridique. C'est entre ces deux points de la vie que se trouve l'aptitude juridique de l'homme: de là l'importance de la constatation de la naissance et du décès par des actes certains; la naissance assure donc à l'homme les droits dont il jouit dans la société et dans la famille, la mort rompt les liens qui l'attachent à la société et donne lieu à la transmission de droits en faveur de ses héritiers. Mais s'il est important de constater la naissance de l'enfant, il ne l'est pas moins d'établir sa filiation; car, suivant qu'il est fils d'un tel, légitime ou illégitime, sa position varie dans la société, de même que ses rapports avec les autres hommes.

Il est d'autres faits qui modifient l'état des personnes et y apportent un changement considérable; tels sont: 1° le mariage dont l'objet est de former un nœud sacré entre les individus qui le contractent et de perpétuer l'espèce d'une manière régulière, en donnant naissance à de nouvelles familles; 2° l'adoption qui, sans faire sortir un individu de sa famille naturelle, établit cependant entre lui et celui qui l'adopte des rapports de paternité et de filiation purement civils; 3° la reconnaissance des enfants naturels qui est un acte solennel par lequel un homme ou une femme déclare qu'il est le père ou qu'elle est la mère de tel enfant procréé hors mariage. Ces trois actes, de même que les naissances et les décès doivent être soumis à des règles certaines et constatés d'une manière authentique ; il en était de même du divorce avant la loi du 8 mai 1816 qui l'a aboli. Les actes de naissances, mariages et décès font l'objet du titre II du Code Napoléon. Quant aux règles relatives à l'adoption et au divorce, nous remarquerons qu'elles ne sont pas inscrites dans le même titre, parce que, à l'époque où fut arrêtée sa rédaction , ces institutions étaient encore en discussion; avant d'établir les actes auxquels elles pourraient donner lieu, il fallait savoir si elles seraient admises. On aurait pu comprendre parmi les actes de l'état civil les jugements de condamnations entraînant mort civile, puisqu'ils font perdre l'état civil, de même que les actes constatant l'émancipation des mineurs; mais la loi l'a jugé inutile, ces actes étant garantis par le concours de l'autorité judiciaire et se rattachant à un ensemble de formalités suffisantes pour en assurer la conservation.

Constater les naissances, les filiations, les décès, les mariages, les adoptions et les reconnaissances d'enfants d'une manière authentique et certaine, telle est la mission des actes de l'état civil. La préférence due à ce genre de preuves lui a fait donner la prééminence dans notre législation sur tous les autres qui ne sont admis qu'à son défaut; par là on a écarté la difficulté et le danger des preuves testimoniales, on a donné un titre authentique à la possession d'état et garanti les citoyens contre la perte, les omissions ou l'inexactitude des titres domestiques.

CHAPITRE PREMIER.

Dispositions communes à tous les actes de l'état civil.

SECTION PREMIÈRE.

DES OFFICIERS DE L'ÉTAT CIVIL.

On entend par officiers de l'état civil les fonctionnaires publics chargés de la rédaction des actes de l'état civil.

I. Depuis la loi de 1792, les ministres du culte ont perdu toute compétence pour la constatation des actes de l'état civil; les registres tenus par eux ne peuvent en aucun cas suppléer à ceux que prescrit la loi civile pour constater l'état des Français. La loi du 7 vendémiaire an IV avait même établi des peines contre les fonctionnaires publics qui auraient égard aux attestations des ministres du culte relativement à l'état civil des citoyens et contre ceux qui feraient mention dans les actes de l'accomplissement des cérémonies religieuses ou exigeraient la preuve de cet accomplissement. Ces dispositions pénales sont, au reste, abrogées tacitement par le Code pénal de 1810; seulement ce Code (art. 199 et 200) punit le ministre du culte qui procède aux cérémonies religieuses d'un mariage, sans qu'il lui ait été justifié d'un acte de mariage préalablement reçu par l'officier de l'état civil.

Les municipalités furent d'abord chargées de la tenue des actes de l'état civil. Aux termes de la loi du 14 frimaire an II, elles furent remplacées par des agents nationaux; mais ces derniers, commissaires du gouvernement auprès de la commune, n'avaient pas qualité pour recevoir ces actes [1].

1. Voy., en ce sens, arrêt de cass., 2 décembre 1807.

La loi du 28 pluviôse an VIII substitua les maires et adjoints aux municipalités. Le Code, considérant cette matière comme réglementaire, n'énonce pas formellement quels sont les fonctionnaires chargés de la rédaction des registres de l'état civil.

II. Le maire exerce dans chaque commune les fonctions d'officier de l'état civil. En cas d'absence ou d'empêchement, il est remplacé par l'adjoint, auquel il peut aussi déléguer ses fonctions d'une manière générale et permanente. S'il y a délégation, une circulaire du ministre de l'intérieur, en date du 30 juillet 1807, considère comme vicieux l'acte ainsi que les expéditions ou extraits qui en sont délivrés, s'il n'y est pas fait mention de la délégation du maire.

C'est par une exception confirmative de la règle qu'à Paris, en considération du grand nombre des actes et de la célérité que leur expédition exige, le conseil d'État[1] a décidé que les adjoints devaient continuer d'y recevoir les actes de l'état civil, sans qu'il fut besoin de délégation des maires.

Afin qu'il n'y ait jamais d'interruption dans le service des actes de l'état civil, la loi du 21 mars 1831 appelle le premier conseiller municipal, en cas de défaut ou empêchement du maire et de l'adjoint. Ce conseiller peut recevoir délégation du maire, qui toutefois ne peut le déléguer qu'à défaut et par suite de l'empêchement de l'adjoint. La loi ne spécifie pas les causes d'empêchement du maire ou de l'adjoint: tels seraient, par exemple, un cas de maladie, une affaire urgente; il y a empêchement légal quand il s'agit d'un acte que le maire ne pourrait pas faire lui-même: ainsi dans le cas de la constatation de la naissance, du mariage ou du décès de ses propres enfants[2]; cependant s'il avait rédigé de pareils actes, ils ne seraient pas nuls de plein droit; ce serait aux tribunaux à les annuler, s'il y avait lieu. Les cas de nullité sont en général indépendants du fait des officiers de l'état civil; car il eût été injuste de faire dépendre l'état des personnes de la négligence et

1. Avis du 8 mars 1808.

2. Lettre minist. du 21 juill. 1818.

de la malveillance des officiers: ainsi, à moins que les actes ne soient jugés faux, ils ne laissent pas, malgré leurs imperfections, de former un titre légal.

D'après une loi du 18 floréal an X, le gouvernement peut nommer dans les communes où il en reconnaît la nécessité un adjoint au delà du nombre ordinaire, par exemple, en cas d'inondation, quand une ville est partagée en plusieurs parties et que les communications entre ces différentes parties sont difficiles: cet adjoint sera officier de l'état civil pour la partie séparée.

Comme fonctionnaires chargés de l'état civil, les maires ne sont point administrateurs ou agents du gouvernement, ils sont officiers de police judiciaire; en cette qualité, ils sont exclusivement placés sous les ordres des procureurs de la République et du ministre de la justice, et peuvent être poursuivis pour faits relatifs à leurs fonctions, sans que le demandeur soit au préalable obligé de se pourvoir devant le conseil d'État pour obtenir l'autorisation de les poursuivre en justice [1].

III. La loi ayant circonscrit les fonctions des maires dans la circonscription d'une commune, leur compétence se renferme dans les limites de son territoire, et l'acte qu'ils auraient fait hors du ressort de leur compétence n'aurait pas plus de valeur que celui de toute autre personne étrangère; il serait donc nul de plein droit. Lorsqu'ils agissent dans leur commune, les officiers de l'état civil ne peuvent être récusés. Notaires publics chargés d'écrire sous la dictée de la loi, ils n'offrent aucun sujet de défiance, les motifs de récusation des juges ne leur sont donc nullement applicables; leur compétence cesse, comme nous l'avons vu plus haut, lorsqu'il s'agit d'un acte où ils sont partie ou déclarant. Aucun acte ne pourrait être dressé d'office par l'officier de l'état civil; son ministère doit être provoqué, car la loi suppose toujours l'intervention des parties contractantes. Cependant, si l'officier de l'état civil

1. Voy. Zachariæ, tom. Ier, § 57.

apprenait que des naissances ou décès ne lui ont pas été déclarés, il en informerait sur-le-champ le procureur de la République qui poursuivrait l'application des peines encourues, et pourvoirait à la constatation des naissances et décès [1].

Des officiers de l'état civil hors de France. Dans l'intérieur de la France, il ne peut y avoir d'officiers de l'état civil compétents que ceux énoncés plus haut; mais quels seront-ils sur mer, dans une armée française en expédition, dans les colonies, dans un pays étranger? Le Code Napoléon s'occupe de ces différents cas : 1° Les art. 59 et 86 établissent que, pendant un voyage sur mer, les naissances et décès seront constatés sur les bâtiments de l'État par l'officier d'administration de la marine, et sur les bâtiments des armateurs ou négociants, par le capitaine, maître ou patron du navire. 2° L'art. 89 charge le quartier-maître, dans chaque corps d'un ou plusieurs bataillons ou escadrons, et le capitaine commandant dans les autres corps, de la tenue des actes de l'état civil faits hors du territoire de la République, concernant les militaires ou autres personnes employées à la suite des armées : ces mêmes fonctions étaient confiées, pour les officiers sans troupes et pour les employés de l'armée, à l'inspecteur aux revues attaché à l'armée ou au corps d'armée, mais ces officiers n'existant plus ont été remplacés par les intendants et sous-intendants. 3° La législation des colonies varie suivant les lieux; ainsi au Sénégal et à l'île Bourbon les actes de l'état civil sont reçus comme en France par les maires. Cayenne et la Guadeloupe ont des officiers de l'état civil spéciaux. A la Martinique les ecclésiastiques sont chargés de ces fonctions. Dans l'Inde et à Miquelon elles sont remplies par les administrateurs de la marine. En Algérie les officiers municipaux sont pour les chrétiens officiers de l'état civil; les Musulmans n'ont pas d'officiers de l'état civil, la loi musulmane, défendant les dénombrements, s'oppose à la tenue des registres des naissances et décès [2]. 4° Les actes relatifs à l'état civil des Français non

1. Voy. Dalloz, Répert. de jurisp. (actes de l'ét. civ., n° 90.)

2. Voy. Dalloz, *loc. cit.*, n°s 342 et 343.

militaires en pays étranger, en vertu des art. 47 et 48, peuvent être reçus soit par des autorités étrangères dans les formes en usage dans ce pays, soit par des agents diplomatiques ou consuls français.

SECTION II.

DE LA FORME, DE LA RÉDACTION, DU DÉPÔT ET DE LA DÉLIVRANCE DES EXTRAITS DES REGISTRES DE L'ÉTAT CIVIL.

I. Il doit y avoir pour chaque année, dans chaque commune, un ou plusieurs registres pour y inscrire les actes de naissances, mariages, décès, adoptions, reconnaissances d'enfants naturels et publications de mariages. Tous ces registres doivent être tenus en double minute, à l'exception de celui des publications de mariages qui ne fait que relater l'accomplissement d'une simple formalité. L'art. 40 du Code donne toute latitude à l'administration pour régler le nombre des registres, d'après l'importance de chaque commune.

Pour prévenir l'intercalation ou la suppression d'un ou plusieurs feuillets, la loi exige (art. 41) que le président du tribunal ou le juge qui le remplacera cote chaque feuillet des registres par premier et dernier et y mette son paraphe. Aux termes de la loi du 13 brumaire an VII, les registres de l'état civil doivent être sur papier timbré.

II. Les actes (art. 42) devront être écrits de suite, sans aucun blanc, ils ne devront contenir aucune abréviation ni date exprimée en chiffres, ni ratures ou renvois, sans être approuvés et signés comme le corps de l'acte.

Les actes de l'état civil rédigés en français [1] énonceront (art. 34) l'année, le jour et l'heure où ils seront reçus, les prénoms, nom, âge, profession et domicile de tous ceux qui y seront dénommés. Ils ne devront contenir (art. 35) que les énonciations relatives au but dans

1. Voy. Dalloz, *loc. cit.*, n° 175.

lequel ils sont rédigés; encore l'officier de l'état civil devra-t-il se borner à y relater ce qu'il aura fait personnellement, ce qui se sera passé en sa présence et ce que les comparants auront pu légalement lui déclarer: ainsi il ne pourra pas insérer la reconnaissance d'un enfant adultérin (art. 335); ainsi encore, pour ne pas affliger les familles d'une mention qui sortirait du but de la loi, l'acte de décès (art. 85) de l'homme qui expire en prison ou par suite d'un assassinat ou d'un suicide ne devra pas plus contenir d'indications particulières que celui du condamné qui meurt sur l'échafaud.

«Dans les cas (art. 36) où les parties intéressées ne seront point obligées de comparaître en personne, elles pouront se faire représenter par un fondé de procuration spéciale et authentique.» Toute personne moralement capable de rendre un témoignage digne de foi peut être déclarant : une femme, par conséquent, est susceptible de l'être (cpr. art. 56).

La loi suppose qu'il est des cas où les parties intéressées sont obligées de comparaître en personne; mais quels sont ces cas signalés comme exceptionnels? Le Code n'en signale qu'un seul, aujourd'hui sans application: c'est celui où, en vertu de l'arrêt qui avait admis le divorce par consentement mutuel, les époux pour faire prononcer ce divorce (art. 294) se présentaient devant l'officier de l'état civil ensemble et en personne. En est-il de même en matière de célébration de mariage? La loi ne le dit pas expressément, mais l'affirmative paraît résulter de l'art. 75 du Code Napoléon et de l'esprit qui a présidé à sa rédaction [1]. La lecture prescrite par cet article serait absolument sans objet, si les futurs époux pouvaient se faire représenter par des mandataires.

Lorsque la loi requiert la présence de témoins à la rédaction de l'acte de l'état civil, il ne suffit pas que ces témoins aient les qualités physiques nécessaires pour rendre un témoignage digne de confiance;

1. Voy. dans ce sens Duranton, I, nº 287; Zachariæ, III, § 466; Marcadé, I, sur l'art. 36.

ils doivent en outre être du sexe masculin, âgés de vingt-un ans, parents ou non (art. 37). Mais il n'est pas nécessaire, comme en matière de testaments, qu'ils soient Français; leur rôle consiste uniquement à constater un fait matériel. Aux termes de l'art. 37, ils seront choisis par les personnes intéressées; mais il est des cas où, à défaut de personnes intéressées, ils devront être appelés par l'officier de l'état civil, par exemple, pour prêter leur concours à la rédaction de l'acte de naissance d'un enfant trouvé.

L'acte de l'état civil devra être lu simultanément à toutes les personnes qui ont été présentes à sa rédaction, c'est-à-dire aux parties, à leurs fondés de pouvoir, aux déclarants et aux témoins; il devra y être fait mention expresse de l'accomplissement de cette formalité. Si l'officier de l'état civil faisait mention de l'accomplissement de cette formalité, et qu'il ne l'eût pas en effet accomplie, il commettrait un véritable faux, et s'exposerait aux peines de ce crime.

« Les actes de l'état civil (art. 39) seront signés par l'officier de l'état civil, par les comparants et les témoins, ou mention sera faite de la cause qui les empêchera de signer ;» mais l'officier de l'état civil ne pourra jamais s'en dispenser, sa signature conférant l'authenticité à l'acte.

Le ministre de la justice a, sous la date du 25 fructidor an XI, adressé aux officiers de l'état civil des modèles indiquant la manière de rédiger les actes de leur ministère; mais ces modèles ou formules, encore en usage aujourd'hui, ne sont donnés que comme instruction et comme guides : la non-conformité n'emporte pas la nullité des actes.

III. Pour mettre les actes de l'état civil à l'abri des faux de toute nature, et pour diminuer les chances de destruction par incendie ou autre accident, les registres (art. 43) seront clos et arrêtés par l'officier de l'état civil à la fin de chaque année, et dans le mois, l'un des doubles sera déposé aux archives de la commune, l'autre au greffe du tribunal de première instance. On accorde un mois de délai à l'officier de l'état civil, afin qu'il ait le temps de faire la table alphabétique prescrite par la loi du 20 septembre 1792 et par le décret du 20 juillet 1807. Les greffiers des tribunaux sont chargés de faire des tables décennales.

«Les procurations et les autres pièces (art. 44), qui doivent demeurer annexées aux actes de l'état civil, seront déposées, après qu'elles auront été paraphées par la personne qui les aura produites, et par l'officier de l'état civil, au greffe du tribunal, avec le double des registres dont le dépôt doit avoir lieu audit greffe.»

«Dans tous les cas où la mention (art. 49) d'un acte relatif à l'état civil devra avoir lieu en marge d'un autre acte déjà inscrit, elle sera faite à la requête des parties intéressées, par l'officier de l'état civil, sur les registres courants ou sur ceux qui auront été déposés aux archives de la commune, et par le greffier du tribunal de première instance, sur les registres déposés au greffe; à l'effet de quoi l'officier de l'état civil en donnera avis, dans les trois jours, au procureur de la République près ledit tribunal, qui veillera à ce que la mention soit faite d'une manière uniforme sur les deux registres.»

En cas d'apport au greffe des registres courants, pour quelque cause que ce soit, d'après l'ordonnance du 18 août 1819, les officiers de l'état civil devront se procurer de nouveaux registres dans le délai de quinzaine au plus tard.

IV. La validité des engagements contractés par un individu étant subordonnée à sa capacité, chacun peut avoir intérêt à connaître son état et sa condition. Il était donc nécessaire que les registres qui en sont le dépôt fussent ouverts à tout le monde ; et telle est en effet la disposition de la loi : «toute personne pourra se faire délivrer par les dépositaires des registres de l'état civil, des extraits de ces registres.» La question s'est élevée de savoir quels étaient ces dépositaires? Dans les premières années du Code, les secrétaires de mairie avaient cru que c'étaient eux qui avaient le caractère de dépositaires légaux, à partir du moment où les actes étaient déposés aux archives de la commune : c'était une erreur ; aussi un avis du conseil d'État du 2 juillet 1807, tout en déclarant valables les extraits délivrés par eux jusqu'alors, leur fit-il défense d'en délivrer à l'avenir, attendu, y est-il dit, que les employés qui se qualifient de secrétaires de mairie n'ont point de caractère public et ne peuvent dès lors rendre authentique aucun acte, aucune expédition, ni aucun extrait.

Les extraits, pour faire foi en justice, devront être délivrés conformes aux registres, c'est-à-dire que les dépositaires devront certifier la conformité avec l'original. La signature du dépositaire devra en outre être légalisée par le président du tribunal de première instance ou par le juge qui le remplacera.

Les extraits, de même que les actes eux-mêmes, ne devront contenir ni blancs, ni surcharges, ni abréviations, ni dates en chiffres. Les renvois et ratures devront être approuvés et signés particulièrement. Le décret du 12 juillet 1807 a établi certains droits d'expédition au profit des communes; les extraits devront généralement se délivrer sur papier timbré.

Telles sont les différentes règles relatives à la forme, à la rédaction, au dépôt et à la délivrance des extraits des registres de l'état civil, auxquelles sont soumis tous les Français et même les étrangers résidant sur le territoire français, parce que les règles concernant la constatation de l'état civil sont des lois de police et de sûreté, et que ces lois s'appliquent indifféremment aux Français et aux étrangers résidant en France.

Mais à quelles règles sont soumis les Français hors de leur patrie?

1° Hors du territoire de la République, les militaires sous les drapeaux et les personnes assimilées aux militaires qui suivent les armées sont soumis aux règles établies par le chapitre V du titre des actes de l'état civil. Quoique absents de leur patrie, ces soldats sont toujours censés ne l'avoir pas quittée : «Là où est le drapeau, a dit Napoléon, là est la France.» Les fonctionnaires étrangers seraient donc sans caractère pour recevoir des actes concernant les militaires français en pays étranger, tant qu'ils feraient partie d'une armée d'expédition; ils ne pourraient pas même célébrer un mariage entre un militaire français et une étrangère; nous devons cependant remarquer que, dans l'application, les tribunaux se sont quelquefois écartés de la rigueur des principes. Ainsi un arrêt de la Cour royale de Paris, du 8 juillet 1820, a validé un mariage contracté en 1805 à Naples devant le curé du lieu entre un militaire français et une femme du pays. Ces dispositions ne seraient plus applicables aux prisonniers de guerre.

«Hors du territoire de la France, les actes de l'état civil (art. 88), concernant les militaires et autres personnes employées à la suite des armées, seront rédigés dans les formes prescrites par les dispositions que nous avons énoncées plus haut, sauf les exceptions suivantes:» nous savons déjà quels sont en pareille circonstance les personnes faisant fonctions d'officiers de l'état civil. «Dans chaque corps de troupes (art. 90) il sera tenu un registre pour les actes de l'état civil relatifs aux individus de ce corps, et un autre à l'état-major de l'armée ou d'un corps d'armée, pour les officiers sans troupes et les employés.»

«Ces registres (art. 91) seront cotés et paragraphés dans chaque corps par l'officier qui le commande, et à l'état-major par le chef de l'état-major général.» Dans les dix jours qui suivront l'inscription d'un acte de naissance ou de décès et après la célébration d'un mariage, les officiers chargés de la tenue du registre de l'état civil devront en adresser un extrait dans le premier cas à l'officier de l'état civil du dernier domicile du père de l'enfant ou de la mère, si le père est inconnu, dans le second cas à celui du dernier domicile du décédé et dans le troisième à celui du dernier domicile des époux. «L'officier de l'état civil (art. 98) du domicile des parties auquel il aura été envoyé de l'armée expédition d'un acte de l'état civil, sera tenu de l'inscrire de suite sur les registres.» — «Ces registres (art. 90) seront conservés de la même manière que les autres registres des corps et des états-majors, et déposés aux archives de la guerre à la rentrée des corps ou armées sur le territoire de la République.»

2° Quant aux actes de l'état civil sur mer, nous avons vu quels étaient les officiers compétents pour les recevoir ; ces actes devront être inscrits en présence de témoins, dans la forme ordinaire, à la suite du rôle de l'équipage. «Au premier port (art. 60 et 87) où le bâtiment abordera, soit de relâche, soit pour toute autre cause que celle de son désarmement, les personnes faisant fonctions d'officiers de l'état civil seront tenus de déposer deux expéditions authentiques des actes de l'état civil qu'ils auront rédigés: savoir, dans un port français au bureau du préposé à l'inscription maritime, et dans un port étranger, entre les mains du consul. L'une de ces expéditions restera déposée au bureau de l'inscription maritime ou à la chancellerie du consulat, l'autre sera envoyée au ministre de la marine, qui fera parvenir une copie de lui certifiée de chacun desdits actes, en cas de naissance à l'officier de l'état civil du domicile du père de l'enfant ou de la mère, si le père est inconnu, et en cas de décès à celui de la personne décédée ; cette copie sera inscrite de suite sur les registres.»

«A l'arrivée du bâtiment (art. 61 et 87) dans le port du désarmement, le rôle de l'équipage sera déposé au bureau du préposé à l'inscription maritime, qui enverra une expédition de l'acte de lui signée aux mêmes officiers de l'état civil, dénommés plus haut ; cette expédition sera inscrite de suite sur les registres.»

Il est à remarquer que les règles établies ci-dessus ne concernent que les actes de naissance et de décès ; comme on peut naître ou mourir sur mer, il était nécessaire de constater ces deux faits d'une manière régulière et authentique: nous croyons même qu'une reconnaissance d'enfant pourrait se faire sur mer ; mais il en est différemment du mariage et de l'adoption qui ne pourront avoir lieu que dans les formes prescrites par le Code Napoléon et qui sont impraticables sur mer.

3° Les actes de l'état civil dans les colonies françaises seront valables, s'ils ont été reçus par les officiers compétents et d'après les lois et usages en vigueur.

4° Les actes de l'état civil des Français faits en pays étranger pourront être rédigés dans les formes usitées dans ledit pays (art. 47); mais alors ils ne pourront l'être que par les fonctionnaires chargés des actes de l'état civil dans ces pays, par application de la maxime : *locus regit actum.* Les actes reçus par les agents diplomatiques et consuls français en pays étranger ne seront valables que s'ils ont été rédigés conformément aux lois françaises. Les actes seront tous inscrits sur des registres paraphés sur toutes les pages par le consul ; une expédition de chaque acte sera en même temps dressée et immédiatement transmise au ministre des affaires étrangères. Les chanceliers sont autorisés à délivrer des extraits des actes de l'état civil qui devront être visés par les consuls pour faire foi en France. Le 1er janvier de chaque année, les consuls arrêteront par procès-verbal les doubles registres des actes de l'année précédente; l'un des doubles restera déposé à la chancellerie, et l'autre sera expédié dans le mois, si faire se peut, au ministre des affaires étrangères; si les consuls n'ont dressé aucun acte dans le courant de l'année, ils en dresseront certificat, qu'ils transmettront de même à ce ministre [1].

Il faut remarquer en outre que les agents diplomatiques et consuls français ne pourront dresser que des actes relatifs à des Français; ainsi ils ne pourraient pas marier un Français et une étrangère : ils seraient bien compétents quant au premier, mais non pour la seconde. L'officier public de ce pays, au contraire, pourra très-bien faire ce mariage, parce que, s'il est compétent pour l'étrangère soumise à l'autorité qui l'a institué, il l'est aussi relativement au Français en vertu du principe énoncé plus haut. C'est par application de ce principe qu'un célèbre arrêt de cassation du 10 août 1819, vulgairement appelé arrêt *Sommaripa*, a reconnu la nullité d'un mariage contracté en 1793 à Constantinople devant un consul entre un Français et une femme sujette du grand seigneur.

1. Ordonnance du 23 octobre 1833.

SECTION III.

DE LA RESPONSABILITÉ DES OFFICIERS DE L'ÉTAT CIVIL.

Après avoir tracé les diverses règles qui viennent d'être exposées, la loi a voulu qu'elles fussent respectées; c'est dans ce but qu'elle a établi une responsabilité contre les personnes chargées de la rédaction et de la conservation des registres de l'état civil, c'est-à-dire contre les officiers de l'état civil et les greffiers des tribunaux de première instance. «Toute contravention, dit l'art. 50, aux articles précédents de la part des fonctionnaires y dénommés, sera poursuivie devant le tribunal de première instance.» Plusieurs auteurs, notamment Toullier[1] et Zachariæ[2] prétendent que les procureurs de la République chargés de la surveillance des registres sont soumis à la même responsabilité que les officiers et greffiers, et sont justiciables devant les mêmes tribunaux; nous ne croyons pas, avec M. Marcadé[3], devoir admettre cette opinion : 1° parce que les membres du ministère public sont indépendants des tribunaux près desquels ils exercent; 2° parce que c'est précisément eux que la loi (art. 53) charge de faire les poursuites dont il s'agit; 3° enfin, parce que les articles précédents du Code parlent aussi du président, de sorte qu'il faudrait dire que lui aussi est justiciable devant le tribunal qu'il préside, ce qui nous paraît inadmissible. Est-ce à dire pour cela que les membres du ministère public ne seront nullement responsables de leurs actes? Nous ne le croyons pas, mais ils ne le seront pas devant les tribunaux auxquels ils sont attachés.

La responsabilité des officiers de l'état civil a pour objet les contraventions qui ne sont que le résultat de l'erreur ou de la négligence,

1. Tome Ier, n° 312.
2. Tome Ier, § 66, p. 150.
3. Cours de Droit civil, tome Ier, sur l'art. 50.

et les délits qui supposent des intentions plus criminelles, tels que les faux et les altérations.

La responsabilité entraîne trois sortes de peines : 1° une amende, lorsqu'il n'y a que simple contravention et même dans certains cas un emprisonnement[1]; 2° les peines établies par le Code criminel, lorsqu'il y a délit; 3° des dommages-intérêts envers les parties.

1° Les contraventions, aux termes de l'art. 50, ne donnent point lieu à des poursuites devant les tribunaux de police correctionnelle; l'amende, qui ne peut en général excéder cent francs, est prononcée par les tribunaux civils. Le législateur n'a pas voulu, et avec raison, que des contraventions de cette nature fussent considérées comme rentrant dans les matières criminelles. Afin qu'il ne soit pas porté atteinte, par des poursuites inopportunes, à la considération des officiers de l'état civil, un avis du conseil d'État du 31 juillet 1806, et une lettre du ministre de la justice du 10 septembre de la même année, ordonnent aux procureurs de donner avis au garde-des-sceaux des contraventions découvertes dans les actes des officiers de l'état civil, afin que le ministre examine s'il y a lieu de poursuivre.

2° Les altérations et les faux commis par les officiers de l'état civil rentrent dans la classe de ceux commis par les fonctionnaires publics[2]; ce sont des faux en écriture publique. Les concussions, les soustractions de pièces dont ils se rendraient coupables, seront frappées des mêmes peines que celles qui menaceraient d'autres fonctionnaires[3]. L'application des peines, pour ces faits, appartient à la juridiction criminelle ; toutefois, lorsqu'il s'agit d'un faux, résultat d'une prétendue supposition ou suppression d'état, l'action publique, par exception, ne peut être exercée au criminel qu'après le jugement de la question d'état.

3° «Tout dépositaire (art. 51) des registres de l'état civil sera civile-

1. Ainsi dans le cas des art. 156, 157.
2. Voy. Cod. pén., art. 145-148.
4. Voy. Cod. pén., art. 173, 174, 254, 255.

ment responsable des altérations qui y surviendront, sauf son recours, s'il y a lieu, contre les auteurs des altérations.» — «Toute altération (art. 52), tout faux dans les actes de l'état civil, toute inscription de ces actes faite sur une feuille volante ou autrement que sur les registres à ce destinés, donneront lieu aux dommages-intérêts des parties;» cependant une altération provenant du temps ou d'un accident indépendant du fait du dépositaire n'entraînerait pas la responsabilité de celui-ci, à moins qu'il ne fût prouvé qu'il aurait pu l'éviter, et que l'altération n'aurait pas eu lieu sans sa négligence. Ce serait aux tribunaux à décider d'après les circonstances.

Les officiers publics peuvent être poursuivis directement par les parties, lorsqu'il y a contravention ou délit qui donne lieu à des dommages-intérêts. Cependant si la loi s'en fût reposée sur elles, la responsabilité serait devenue illusoire par le fait, car les parties ignorent presque toujours les vices des actes qui les concernent : elles n'en sont ordinairement averties que lorsque des événements les forcent de recourir aux registres ; et ensuite de toutes les contraventions qui peuvent être commises, il n'y a que celles énoncées par l'art. 52 du Code qui donnent lieu à des dommages-intérêts ; les autres contraventions et les délits seraient donc demeurés impunis, si l'on n'eût déclaré une vérification d'office pour les découvrir et en poursuivre la punition. C'est le but de l'art. 53, qui stipule que «les procureurs de la République aux tribunaux de première instance seront tenus de vérifier l'état des registres lors du dépôt qui en sera fait au greffe ; ils dresseront un procès-verbal sommaire de la vérification, dénonceront les contraventions ou délits commis par les officiers de l'état civil, et requerront contre eux la condamnation aux amendes.» L'examen des registres que fait le procureur n'aura jamais pour but la rectification des actes; il faut, dans une matière aussi importante, attendre la réquisition des parties.

Habituellement les tribunaux de première instance jugent en dernier ressort des actions personnelles et mobilières jusqu'à la valeur de

1500 fr. de principal, et quand l'affaire est de plus de 1500 fr., ils ne jugent que sauf appel[1]; mais dans le cas qui nous occupe, le législateur, pensant que l'état civil d'une personne était d'un prix inestimable, a établi une exception et a voulu que toutes les décisions qui s'y référaient fussent susceptibles d'appel (art. 54).

SECTION IV.

DE LA RECTIFICATION DES ACTES DE L'ÉTAT CIVIL.

I. *Des cas où il y a lieu à rectification.* Malgré les règles prescrites par la loi pour imprimer aux actes de l'état civil une forme et une régularité qui les rendent des témoignages irrécusables de l'état des personnes, il peut arriver que l'ignorance, l'incurie, la fraude ou des événements de force majeure rendent vaines les sages mesures qu'elle a prises à cet égard; il y aura lieu alors à une rectification. Cette rectification peut être demandée: 1° quand l'acte renferme des énonciations erronées ; 2° quand il ne contient pas toutes les énonciations requises; 3° quand les solennités extrinsèques prescrites n'ont pas été accomplies; 4° quand l'acte n'a pas été inscrit sur les registres dans les délais fixés; 5° quand l'officier de l'état civil est décédé avant d'avoir signé l'acte inscrit sur les registres, et 6° la rectification des registres eux-mêmes peut être demandée lorsque des événements ou des circonstances particulières auront introduit le désordre dans les registres de tout un département, de toute une contrée.

II. *Par qui peut être provoquée la rectification.* Le droit de demander la rectification d'un acte de l'état civil n'appartient qu'aux personnes qui y ont un intérêt légal actuel; l'intérêt qui donne droit à l'action n'est pas seulement un intérêt pécuniaire, le besoin de réparer le tort fait à l'honneur d'une famille serait un motif suffisant pour admettre la demande en rectification. Ce droit ne compète pas au pro-

1. Loi du 11 avril 1838.

cureur de la République, à moins que l'acte à rectifier ne concerne un indigent[1] ou que sa réformation n'intéresse directement l'ordre public[2], par exemple à raison de l'exécution de la loi sur le recrutement de l'armée.

III. *Par qui peut être ordonnée la rectification.* Une fois rédigé, un acte de l'état civil appartient à la société tout entière, et non plus seulement aux parties qui l'ont fait dresser; aucun changement ne pourra plus y être fait qu'avec publique connaissance de cause et en vertu d'un jugement rendu, sauf appel par le tribunal compétent (art. 99, cpr. Pr. 855) sur les conclusions du procureur de la République et contradictoirement avec les parties intéressées ou elles appelées; s'il y a lieu, le conseil de famille pourra même être convoqué pour donner son avis (Proc., art. 856). Le tribunal compétent dans cette matière sera le tribunal civil au greffe duquel a été ou sera déposé le double du registre dans lequel l'acte à rectifier a été inscrit, et nous voyons même, en cas de poursuite criminelle contre un délit de suppression d'état (art. 327) qu'il devra d'abord être statué par le tribunal civil sur la question d'état. Cette compétence du tribunal du dépôt des registres n'est pas absolue, et elle n'exclut pas celle d'un tribunal saisi d'une demande à l'occasion de laquelle, par incident, peut s'élever la demande en rectification. Toutefois, lorsqu'un individu demandera à changer son nom ou à y ajouter un surnom, il n'y aura pas lieu à rectification judiciaire, mais à une instance administrative en changement ou addition de nom.

IV. *De la rectification.* Pour éviter toute confusion qui aurait pu résulter de la rectification des erreurs sur l'acte lui-même, l'art. 101 prescrit que les jugements de rectification seront inscrits sur les registres par l'officier de l'état civil, aussitôt qu'il lui en aura été remis une expédition en forme. Une fois la rectification opérée, les extraits de l'acte

1. Loi du 25 mars 1817, art. 75.
2. Décret du 18 juin 1811, art. 122.

ne pourront plus être délivrés par l'officier de l'état civil qu'avec les rectifications.

V. *De l'effet de la rectification.* Le jugement de rectification (art. 100) ne pourra dans aucun temps être opposé aux parties intéressées qui ne l'auraient point requis ou qui n'y auraient point été appelées ; il n'y aura donc jamais lieu à tierce opposition. Les rectifications auront à l'égard des parties requérantes la même force probante que les énonciations primitives qu'elles auront corrigées.

SECTION V.

DE LA FORCE PROBANTE DES ACTES DE L'ÉTAT CIVIL.

I. *Des conditions auxquelles est subordonnée la force probante des actes de l'état civil.* Après avoir établi les énonciations que doivent contenir les actes de l'état civil, et les formalités auxquelles ils doivent être soumis, il semblerait que la loi a dû porter une peine contre les actes qui ne renfermeraient pas les conditions requises ; cependant elle n'a dans aucune de ses dispositions prononcé la nullité de l'acte civil qui ne serait pas conforme à ses prescriptions : un acte instrumentaire, en effet, n'est dans aucune circonstance soumis à une action en nullité ; celui à qui on apporte comme preuve un acte instrumentaire non conforme à la loi, n'a pas besoin d'intenter l'action en nullité contre cet acte pour le repousser, il lui suffit de dire que cet acte ne fait pas preuve, parce qu'il n'est pas conforme à la loi ; cela explique le silence de la loi relativement à la sanction qu'elle aurait dû porter pour garantir l'accomplissement de ses prescriptions.

Mais c'est surtout au point de vue de la force probante que nous devons examiner quelles sont les conditions indispensables des actes de l'état civil prescrites par la loi. Pour résoudre cette question, il suffit de remonter au but qui a fait établir les actes de l'état civil, et de déterminer d'après ce but qui consiste à constater certains faits d'une manière précise et digne de foi, quelles sont les formes et les énonciations dont l'omission empêche ces actes de remplir le vœu de la loi : ainsi un acte de l'état civil qui n'énoncera pas l'âge des comparants, un acte de naissance qui n'indiquera pas le lieu de l'accouchement, ne perdront pas pour cela leur force probante ; mais si l'acte de l'état civil, par exemple, avait été inscrit sur une feuille volante, cette irrégularité devrait être considérée comme enlevant toute force probante, car le but de la loi, en prescrivant l'inscription sur des registres, a été de garantir la sincérité et l'inaltération de l'acte. Dans ces différents cas, là question se résout d'une manière certaine ; mais il en est une foule d'autres où il faut abandonner la solution aux juges.

II. *De l'étendue de la force probante.* Les actes de l'état civil n'ont de force probante que relativement aux faits qui sont susceptibles d'y être énoncés ; mais ces actes font-ils preuve de tous les faits auxquels se réfèrent ces énonciations ? La solution affirmative serait trop large si elle était absolue : ainsi, aux termes de l'art. 34, les actes de l'état civil doivent énoncer l'âge de toutes les personnes qui y sont dénommées, et cependant il n'est pas douteux qu'un acte de naissance ne ferait pas preuve de l'âge d'un témoin, bien que cela dût être constaté, parce que l'acte de naissance et tous les autres actes de l'état civil n'ont pas pour but de constater l'âge des témoins. C'est donc encore en examinant le but de la loi que nous pourrons voir quelles sont les énonciations qui jouissent de force probante. D'où il résulte que les énonciations qui se réfèrent aux circonstances de la rédaction, d'une part, et d'autre part aux faits et aux circonstances des faits à constater, ont seules force probante : ainsi les circonstances de temps et de lieu que l'officier de l'état civil doit énoncer dans l'acte, se référant à la rédaction même de l'acte, leur énonciation a force probante. Quant aux faits et aux circonstances des faits à constater, elles varient : ainsi l'acte de naissance d'un enfant légitime doit constater la naissance et la filiation, il doit, de plus, constater l'heure, le lieu de la naissance, ainsi que le sexe de l'enfant ; ces faits doivent être constatés pour la réalisation du but de la loi, et ces circonstances se référant directement aux faits, leur énonciation a force probante ; mais un acte de décès, qui prouve le décès lui-même, ne prouvera pas que le décédé doive le jour à ceux qui ont été indiqués comme ses père et mère. Les énonciations qui peuvent être insérées dans un acte ne jouissent d'aucune force probante ; car si elles avaient dû prouver quelque chose, la loi n'aurait pas abandonné leur inscription au bon plaisir des officiers de l'état civil ; l'acte de naissance d'un enfant naturel, par exemple, ne prouve pas la maternité, quand bien même le nom de la mère y serait énoncé.

III. *Du degré de force probante.* — Aux termes de l'art. 1319, les actes authentiques font pleine foi jusqu'à inscription de faux ; les actes de l'état civil régulièrement reçus par les officiers compétents étant des actes authentiques, il s'ensuit qu'ils font foi jusqu'à inscription de faux. Mais de quels faits ces actes authentiques font-ils foi ? D'abord il est évident que ce n'est que des faits que nous avons indiqués ; il s'agit de savoir ensuite s'ils font foi de tous les faits que nous avons énoncés, ou de quelques-uns seulement, jusqu'à inscription de faux. L'authenticité n'est attachée qu'aux faits constatés par l'officier de l'état civil, comme les ayant vus et entendus, et non aux faits sur la sincérité desquels il n'a pu s'enquérir ; par conséquent, quand, dans le premier cas, on attaque des faits authentiques, l'inscription de faux est nécessaire ; dans le second cas, elle ne l'est pas, puisque l'on n'attaque que des faits déclarés qui ne font foi que jusqu'à preuve contraire. La procédure varie pour l'inscription en faux et pour la preuve contraire : la différence consiste en ce que pour la preuve contraire on suit la marche ordinaire, tandis que pour l'inscription en faux il faut suivre celle tracée par les art. 214 et suivants du Code de procédure civile.

Non-seulement les registres de l'état civil font foi jusqu'à inscription de faux des actes qu'ils contiennent, mais il résulte de l'art. 45 que les extraits de ces actes jouissent du même degré de force probante; mais ces extraits ne font foi que de leur conformité avec le registre, à moins, toutefois, que le registre n'ait été perdu : alors s'ils ont été déclarés conformes au registre, ils font preuve de leur contenu jusqu'à inscription de faux.

L'art. 45 semble subordonner la foi due aux extraits des actes à l'accomplissement de la formalité de la légalisation; cependant l'acte revêtu de la signature de l'officier de l'état civil est authentique, et la légalisation atteste l'authenticité, mais ne la constitue pas. Dans la séance du conseil d'État du 22 fructidor an X, on fit observer que jusque-là les actes authentiques avaient fait foi en justice, sans légalisation, dans l'étendue de l'arrondissement où ils avaient été faits; il fut répondu que l'art. 45 ne contredisait pas ce principe, qu'il n'exigeait la légalisation que dans le cas où le tribunal, devant lequel s'élèverait une contestation, ne connaîtrait pas la signature de l'officier public qui avait signé l'acte.

Les actes de l'état civil des étrangers et des Français, faits en pays étranger, auront force probante en France, s'ils ont été rédigés dans les formes usitées dans ledit pays et par l'officier compétent (art. 47); nous devons en dire autant des actes reçus par les agents diplomatiques et les consuls français, s'ils se sont conformés aux règles énoncées plus haut.

CHAPITRE II.

Dispositions spéciales.

SECTION PREMIÈRE.

DES ACTES DE NAISSANCE.

Les règles relatives aux actes de naissances sont ou communes ou particulières.

I. *Règles communes.* Toute naissance (art. 55) devra être constatée par un acte qu'est chargé de dresser l'officier de l'état civil de la commune où elle a eu lieu. A cet effet, le père (art. 56) ou, à défaut du père, les docteurs en médecine ou en chirurgie, sages-femmes, officiers de santé ou autres personnes qui auront assisté à l'accouchement, et lorsque la mère sera accouchée hors de son domicile, la personne chez qui elle sera accouchée, seront tenus, sous les peines portées par l'art. 346 du Code pénal, de faire à l'officier de l'etat civil la déclaration de naissance dans les trois jours de l'accouchement. Mais dans quel ordre les personnes énoncées plus haut devront-elles faire les déclarations? seront-elles frappées par la peine simultanément ou successivement? C'est au père que la loi impose avant tous autres l'obligation de faire la déclaration, et pour qu'il y soit tenu, il n'est pas nécessaire qu'il ait assisté à l'accouchement, ni même qu'il ait été présent à son domicile à ce moment. Il faudrait qu'il fût absent plusieurs jours ou dans l'impossibilité d'agir, alors seulement l'obligation serait imposée aux autres personnes qui ont assisté à l'accouchement. Lorsqu'une femme éloignée de son mari accouche hors de chez elle, c'est la personne chez laquelle elle accouche qui doit faire la déclaration, et ce n'est qu'à son défaut qu'elle devra être faite par l'accoucheur.

Les autres personnes mentionnées dans l'art. 56 ne seront passibles de peines pour avoir omis de déclarer la naissance qu'à défaut d'accoucheur ou de sage-femme [1]. En cas de naissance d'un enfant naturel, le père, s'il reconnaît l'enfant, sera tenu de faire la déclaration et ce n'est qu'en son absence que les autres personnes dénommées plus haut devront la faire. S'il s'agit d'un enfant adultérin ou incestueux, le père ne pourra faire la déclaration que comme simple assistant.

La loi ne parle pas de la déclaration faite par la mère; il y a cependant des cas où sa déclaration est la seule qui atteste la naissance; tel est celui d'un accouchement inopiné, dans un lieu écarté et sans témoins : nous croyons que, dans ce cas, l'officier de l'état civil devra recevoir cette déclaration.

L'art. 55 prescrit un délai de trois jours; passé ce délai, un acte de naissance ne pourrait être inscrit sur les registres qu'après un jugement; c'est ce qu'a décidé un avis du conseil d'Etat du 12 brumaire an XII, qui veut que les jugements, dans ce cas, ne soient rendus que contradictoirement avec les parties intéressées, ou elles appelées, et sur les conclusions du ministère public. Cependant il pourrait arriver qu'un officier de l'état civil inscrivît sur les registres un acte après le délai fixé. Cet acte prouverait-il ou non le fait qu'il constaterait? cette question ne peut être résolue d'une manière absolue, et la solution varie suivant les circonstances de temps laissées à l'appréciation des tribunaux. L'enfant devra être présenté (art. 55) à l'officier de l'état civil : cela est vrai, en général; cependant il y a des cas où le transport de l'enfant pourrait présenter de graves inconvénients, alors l'officier de l'état civil devra se rendre à la maison où s'est fait l'accouchement : c'est ce qui a été décidé dans la discussion au conseil d'État. Le but de cette présentation est de constater d'une manière sûre l'âge et le sexe de l'enfant, pour empêcher les soustractions à la loi du recrutement. Cependant cette présentation n'ajoute rien à

1. Voy. pour ces diff. cas les arrêts : Lyon, 19 juill. 1827; Metz, 22 mars 1824, et Angers, 29 août 1842.

la force probante de l'acte, ni à l'authenticité de l'accouchement, de la naissance, de l'identité et de la filiation; car la force probante résulte moins de la présentation que de la déclaration faite par les personnes dénommées dans l'art. 56; aussi, en cas d'omission de la présentation, nous pensons que l'acte de naissance ne serait pas dénué de force probante. L'acte de naissance sera rédigé de suite après la déclaration en présence de deux témoins. Les témoins attesteront la passation de l'acte en leur présence, la présentation et l'existence de l'enfant, l'identité de la personne du déclarant; mais ils ne garantiront ni que l'enfant soit de la mère déclarée, ni qu'il soit celui-là même dont elle est accouchée; autrement il n'y aurait d'admissibles que les témoins oculaires de l'accouchement : ce qui, le plus souvent, mettrait dans l'impossibilité d'en trouver du sexe masculin.

«L'acte de naissance énoncera le jour, l'heure et le lieu de la naissance (art. 57).» L'époque de la naissance devra même être déterminée d'une manière plus précise encore, lorsque la mère sera accouchée de jumeaux, à raison de la question de primogéniture qui pourra se présenter; dans ce cas, il sera dressé un acte séparé pour chaque enfant.

L'acte énoncera le sexe de l'enfant et les prénoms qui lui seront donnés, en se conformant à la loi du 11 germinal an XI, qui défend de donner à l'enfant d'autres prénoms que ceux en usage dans les différents calendriers, ou les noms des personnages connus dans l'histoire ancienne.

Les prénoms, noms, profession et domicile des père et mère et ceux des témoins (art. 57) devront être énoncés dans l'acte de naissance; cette disposition de la loi ne souffrira aucune difficulté d'exécution, quand il s'agira de la naissance d'enfants légitimes, mais il en sera différemment dans le cas d'une naissance illégitime; alors l'officier de l'état civil, en dressant l'acte d'un enfant naturel ne devra faire mention du père que s'il y a reconnaissance de sa part; le nom de la mère, au contraire, il devra l'inscrire, s'il est désigné par les comparants. Cependant, quoique dans l'intérêt de l'enfant, ce soit un devoir pour les comparants de déclarer le nom de la mère, nous croyons que le médecin qui déclarerait la naissance d'un enfant à laquelle il aurait assisté, ne serait pas tenu de déclarer le nom de la mère, qu'il affirmerait n'avoir connu que sous le sceau du serment [1]. Dans le cas d'une naissance incestueuse ou adultérine, on ne devra inscrire ni le nom du père ni celui de la mère, et alors on donnera à l'enfant un nom indépendamment de son prénom, en ayant soin de ne pas prendre celui d'une famille connue.

II. *Règles particulières*. Ces règles ont pour objet les spécialités suivantes : 1° Toute personne (art. 58) qui aura trouvé un enfant nouveau-né, sera tenue, sous les peines portées par l'art. 347 du Code pénal, de le remettre à l'officier de l'état civil; toutefois cette disposition n'est pas applicable à celui qui aurait consenti à se charger de l'enfant, et qui aurait fait sa déclaration à cet égard devant la municipalité du lieu où l'enfant a été trouvé. On devra également remettre à l'officier de l'état civil les vêtements et autres effets trouvés avec l'enfant, et déclarer toutes les circonstances du temps et du lieu où il aura été trouvé. «Il en sera dressé un procès-verbal détaillé, qui énoncera en outre l'âge apparent de l'enfant, son sexe, les noms qui lui seront donnés, l'autorité civile à laquelle il sera remis; ce procès-verbal (art. 58) sera inscrit sur les registres.» «Si une rigueur justement adoptée pour l'intérêt et le repos des familles, dit M. Siméon [2], interdit à ces enfants la recherche de leur père, la loi n'en prescrit pas moins de décrire avec exactitude tout ce qui leur a été laissé dans leur abandon. Un simple vêtement, un haillon pourra quelquefois aider à un retour de tendresse ou de remords, et à rendre des enfants à des parents qui les voudraient retrouver, et auxquels un heureux hasard les fera reconnaître.»

2° S'il naît un enfant pendant un voyage de mer (art. 59), l'acte de naissance sera dressé dans les vingt-quatre heures, en présence du

1. Voy. cass., 16 sept. 1843.

2. Rapport au Tribunat, séance du 17 vent. an XI.

père, s'il est présent, et de deux témoins pris parmi les officiers du bâtiment, ou à leur défaut parmi les hommes de l'équipage.

3° Les naissances à l'armée d'enfants de militaires en campagne seront inscrites, conformément aux règles et dans les formes prescrites par les dispositions précédentes; seulement la loi accorde dans ce cas un délai de dix jours (art. 92) pour les déclarations.

4° Nous verrons dans la section suivante, traitant des actes de décès, ce qu'il faudra faire dans le cas où l'on présente à l'officier de l'état civil le cadavre d'un enfant dont la mort a été instantanée ou a précédé toute déclaration possible de naissance.

SECTION II.

DES ACTES DE DÉCÈS.

Tout décès doit être constaté par un acte de l'état civil. Les règles que le Code Napoléon trace sur la rédaction des actes de décès se rapportent aux cas ordinaires et aux cas extraordinaires.

I. *Cas ordinaires*. Le législateur a voulu par une disposition importante empêcher la supposition de décès; à cet effet, il a défendu (art. 77) de faire aucune inhumation sans l'autorisation, sur papier libre et sans frais, de l'officier de l'état civil, et le ministre du culte ou toute autre personne qui relèverait un corps pour le conduire à la sépulture sans cette autorisation, encourrait les peines portées par l'art. 358 du Code pénal. L'officier de l'état civil devra s'assurer en personne du décès des individus; cependant nous croyons qu'il ne contreviendrait pas à la loi, mais entrerait dans son esprit, s'il se faisait remplacer, pour ce ministère, par un médecin [1].

Aucune inhumation ne pourra avoir lieu que vingt-quatre heures après le décès, ou même plus tard, hors les cas prévus par les règlements de police ; ainsi une ordonnance de police rendue pour Paris

1. Tel est l'avis de M. Marcadé, tome Ier, sur l'art. 77.

seulement, le 14 messidor an XII, a décidé qu'on ne pourra inhumer avant l'expiration du délai légal, que sur l'avis des médecins ou chirurgiens qui ont suivi la maladie.

L'acte de décès (art. 78) sera dressé sur la déclaration de deux témoins, qui devront la faire dans les vingt-quatre heures, et un avis du conseil d'État du 12 brumaire an XI défend de recevoir les déclarations tardives autrement qu'en vertu d'un jugement. L'acte de décès (art. 79) contiendra les prénoms, nom, âge, profession et domicile de la personne décédée; les prénoms et nom de l'autre époux, si la personne décédée était mariée ou veuve; les prénoms, nom, âge, professions et domiciles des déclarants, et s'ils sont parents, leur degré de parenté. Le même acte contiendra de plus, autant qu'on pourra le savoir, les prénoms, noms, profession et domicile des père et mère du décédé, et le lieu de sa naissance.

La loi n'exige pas la mention du jour et de l'heure du décès; il est cependant très-important que l'acte les constate, notamment pour le cas d'ouverture d'une succession. Nous croyons pouvoir avec M. Duranton [1] justifier ce silence de la loi: parce que le moment précis du décès n'étant connu souvent que d'un très-petit nombre de personnes, un intérêt quelconque leur rendait le mensonge facile; il ne fallait pas que les parties lésées eussent besoin de recourir en pareil cas à la voie de l'inscription en faux; la loi n'a donc pas voulu, en exigeant de telles énonciations, leur imprimer le caractère de l'authenticité.

II. *Cas extraordinaires.* — 1° «En cas de décès dans les hôpitaux (art. 80) militaires, civils ou autres maisons publiques, les supérieurs, directeurs, administrateurs et maîtres de ces maisons, seront tenus d'en donner avis, dans les vingt-quatre heures, à l'officier de l'état civil, qui s'y transportera pour s'assurer du décès, et en dressera l'acte conformément à l'article précédent, sur les déclarations qui lui auront été faites et sur les renseignements qu'il aura pris. Il sera tenu, en

1. Tome Ier, n° 323.

outre, dans lesdits hôpitaux et maisons, des registres destinés à inscrire ces déclarations et ces renseignements. L'officier de l'état civil enverra l'acte de décès à celui du dernier domicile de la personne décédée, qui l'inscrira sur les registres.» Dans les lazarets, les membres des autorités sanitaires exercent les fonctions d'officiers de l'état civil, en vertu de la loi du 3 mars 1822.

2° «Lorsqu'il y aura (art. 81) des signes ou indices de mort violente, ou d'autres circonstances qui donneront lieu de le soupçonner, on ne pourra faire l'inhumation qu'après qu'un officier de police, assisté d'un docteur en médecine ou en chirurgie, aura dressé procès-verbal de l'état du cadavre et des circonstances y relatives, ainsi que des renseignements qu'il aura pu recueillir sur les prénoms, nom, âge, profession, lieu de naissance et domicile de la personne décédée.» La mort violente, dans l'intention du législateur, comprend celle qui est le résultat d'un crime, d'un duel, d'un suicide[1] et d'un accident.

«L'officier de police (art. 82) sera tenu de transmettre de suite à l'officier de l'état civil du lieu où la personne sera décédée, tous les renseignements énoncés dans son procès-verbal, d'après lesquels l'acte de décès sera rédigé. L'officier de l'état civil en enverra une expédition à celui du domicile de la personne décédée, s'il est connu; cette expédition sera inscrite sur les registres.» Dans le cas de cet article, comme dans le suivant, l'officier de l'état civil n'est pas obligé de s'assurer par lui-même du décès, il lui est attesté par un officier public.

3° En cas d'exécution des jugements portant peine de mort (art. 83), les greffiers criminels seront tenus, dans les vingt-quatre heures, d'envoyer à l'officier de l'état civil du lieu où le condamné aura été exécuté, tous les renseignements énoncés en l'art. 79, d'après lesquels l'acte de décès sera rédigé.

4° «En cas de décès (art. 84) dans les prisons ou maisons de réclusion et de détention, il en sera donné avis sur-le-champ, par les con-

1. Voy. Locré, tome II, sur l'art. 82.

cierges ou gardiens, à l'officier de l'état civil, qui s'y transportera et rédigera l'acte de décès.»

5° «En cas de décès pendant un voyage de mer (art. 86), il en sera dressé acte dans les vingt-quatre heures, en présence de deux témoins pris parmi les officiers du bâtiment, ou à leur défaut parmi les hommes de l'équipage.»

6° Les actes de décès des militaires hors du territoire de la République (art. 96) seront rédigés sur l'attestation de trois témoins. «En cas de décès dans les hôpitaux militaires ambulants ou sédentaires (art. 97), l'acte en sera rédigé par le directeur desdits hôpitaux, et envoyé au chef faisant les fonctions d'officier de l'état civil, pour être envoyé au dernier domicile du décédé.»

Il reste deux cas extraordinaires de décès, dont le Code Napoléon ne parle pas, et que nous devons ajouter aux cas prévus.

7° Quand on présente à l'officier de l'état civil le cadavre d'un enfant, dont la naissance n'a pas été consignée sur les registres de l'état civil, il devra simplement exprimer dans l'acte que l'enfant lui a été présenté sans vie, en s'abstenant d'énoncer si l'enfant est décédé, ou s'il est né mort (décret du 4 juillet 1806).

8° En cas de décès dans les travaux d'une mine, avec impossibilité de retrouver le cadavre, le directeur de la mine devra faire dresser un procès-verbal du décès, par le maire ou autre officier public qui le transmettra au procureur de la République; celui-ci, sur l'autorisation du tribunal, le fera annexer au registre des décès (décret du 3 janvier 1813).

Nous croyons devoir assimiler, au cas de décès dans une mine, celui de décès dans un incendie ou une inondation, contrairement à l'opinion de quelques auteurs[1] qui veulent qu'on suive alors les règles de l'absence. Il nous semble, avec M. Marcadé[2] qu'il n'y a aucun rapport

1. Voy. Locré, tome II, p. 148, sur l'art. 82.
2. Marcadé, tome Ier, ch. IV, p. 209.

entre le cas où un individu disparaît, sans qu'on puisse dire ce qu'il est devenu, et celui où il est victime d'un accident, dans lequel tout le monde sait qu'il a perdu la vie. Mais seulement, puisqu'aucun texte législatif ne prévoit ce cas, ce sera aux parties intéressées à provoquer elles-mêmes les enquêtes nécessaires et aux tribunaux à décider avec une grande prudence. Les actes de décès, de même que tous les actes de l'état civil, font foi jusqu'à inscription de faux de leur contenu; cependant il nous semble que celui qui aurait été à tort désigné comme décédé, pourrait agir sans avoir besoin de recourir à l'inscription de faux.

SECTION III.

DES ACTES DE MARIAGE.

Le but de l'acte de mariage est de constater d'une manière solennelle que l'union a été contractée suivant les formes voulues, et que toutes les conditions essentielles prescrites pour sa validité ont été accomplies.

I. *Des formalités qui précèdent la célébration du mariage.* — 1° *Des publications.* Le mariage doit être précédé de publications officielles destinées à faire connaître la résolution prise par les futurs époux de se prendre pour mari et femme. Ces publications s'appelaient autrefois *bans* de mariage et se faisaient au prône par les ministres du culte. Aux termes de l'art. 63, «l'officier de l'état civil fera deux publications, à huit jours d'intervalle, un jour de dimanche, devant la maison commune.» Néanmoins, il est loisible au chef du pouvoir exécutif ou aux procureurs de la République de dispenser pour des causes graves de la seconde publication (art. 169).

«Les publications et l'acte qui en sera dressé énonceront les prénoms, noms, professions et domiciles des futurs époux, leur qualité de majeurs ou de mineurs, et les prénoms, noms, professions et domiciles de leurs pères et mères. Cet acte énoncera, en outre, les jours, lieux et heures où les publications auront été faites; il sera inscrit sur un seul registre qui sera coté et paraphé comme il est dit en l'art. 41 et déposé à la fin de chaque année au greffe du tribunal (art. 63).»

«Un extrait de l'acte de publication (art. 64) sera et restera affiché à la porte de la maison commune, pendant les huit jours d'intervalle de l'une à l'autre publication;» nous devons même remarquer que cette affiche est aujourd'hui le seul mode de publication généralement admis; l'usage ici a modifié la loi et a fait tomber en désuétude les proclamations de mariage faites à haute voix. Le mariage ne pourra être célébré avant le troisième jour, depuis et non compris celui de la seconde publication. S'il n'a pas été célébré dans l'année, à compter de l'expiration du délai légal, il ne pourra plus l'être qu'après de nouvelles publications. Mais dans quelles communes devront se faire les publications de mariage? ce sera dans celles où chacune des parties contractantes aura son domicile; si l'établissement de ce domicile n'a pas encore été suivi d'une résidence continue de plus de six mois dans la commune où il a été fixé, ou si les futurs époux résident depuis six mois dans une commune distincte de celle où ils ont leur domicile, les publications seront faites en outre, savoir, au premier cas, dans le lieu du dernier domicile, et au second dans celui de la résidence actuelle (art. 166, 167, cpr. art. 74). Enfin, si les futurs époux ou l'un d'eux sont encore dans un âge où ils ne peuvent contracter mariage sans le consentement de leurs ascendants ou du conseil de famille, les publications devront également être faites, soit au domicile de ces ascendants, soit au lieu où l'époux mineur avait son domicile, lorsque la tutelle s'est ouverte, car c'est dans ce lieu que se tiennent les réunions de famille; tel est pour ce dernier cas l'opinion de Zachariæ [1] et Valette [2].

1. Tome Ier, § 465, p. 294.
2. Voy. Proudhon, Traité des pers. t. Ier, ch. XXII, p. 377, note de M. Valette.

Les mariages contractés en pays étranger entre Français et entre Français et étrangers, pour être valables en France, devront être précédés des publications prescrites par l'art. 63.

2° *Oppositions*. Le but des publications est principalement de mettre les personnes qui pourraient s'opposer au mariage en mesure de le faire. Les personnes auxquelles la loi a conféré le droit d'opposition d'une manière absolue sont les ascendants des futurs époux; les personnes énumérées dans les art. 174 et 175 ne jouissent de ce droit que dans certaines limites.

La personne engagée avec l'un des futurs époux (art. 172) dans les liens d'un mariage jouit du droit d'opposition concurremment avec les ascendants, mais à charge de rapporter la preuve du mariage. La simple promesse de mariage faite par l'un des époux à quelqu'un n'entraînerait pas le droit de former opposition au mariage. «Les actes d'opposition au mariage (art. 66) devront être authentiques, ils seront signés sur l'original et sur la copie par les opposants ou par leurs fondés de procuration spéciale et authentique, ils seront signifiés avec la copie de la procuration à la personne ou au domicile des parties, et à l'officier de l'état civil qui mettra son visa sur l'original;» mais à quel officier de l'état civil ces actes seront-ils signifiés? il suffira indifféremment que ce soit à celui de l'une des communes où les publications auront eu lieu (arg. art. 69). L'officier de l'état civil n'est jamais juge du mérite de l'opposition formée; cette opposition fût-elle mal fondée, irrecevable ou nulle, restera efficace tant qu'elle n'aura pas été rejetée par le juge. «Il devra donc faire, sans délai, une mention sommaire des oppositions (art. 67) sur le registre des publications.»

«En cas d'opposition (art. 68) l'officier de l'état civil ne pourra célébrer le mariage avant qu'on lui en ait remis la main-levée, sous peine de trois cents francs d'amende et de tous dommages-intérêts.» Cette main-levée sera volontaire de la part des opposants ou sera le résultat d'un jugement quand l'opposition sera rejetée à la requête des futurs époux. «Il sera fait mention en marge de l'inscription des oppositions, (art. 67) des jugements ou des actes de main-levée, dont l'expédition aura été remise à l'officier de l'état civil. Ce n'est qu'alors qu'il pourra être passé outre à la célébration du mariage.»

3° *Des faits dont les contractants doivent justifier*. Pour parvenir à la célébration de leur mariage, les contractants seront obligés de justifier a) qu'il n'y a pas d'opposition, b) de leur identité, c) du consentement de ceux dont ils dépendent.

a) «S'il n'y a point d'opposition, il en sera fait mention dans l'acte de mariage, et si les publications (art. 69) ont été faites dans plusieurs communes, les parties remettront un certificat délivré par l'officier de l'état civil de chaque commune, constatant qu'il n'existe point d'opposition.»

b) L'erreur sur la personne est, d'après l'art. 180, une des causes de nullité de mariage; or, le législateur, dont le devoir est de prévenir les nullités, a donc dû ordonner que l'identité serait justifiée; dans ce but, il a recouru au mode le plus naturel, qui était la production de l'acte de naissance de chacun des futurs époux (art. 70). Si le nom d'un des futurs époux n'était pas orthographié dans son acte de naissance, comme celui de son père, le témoignage des père et mère, ou aïeuls, assistant au mariage et attestant l'identité, suffirait pour passer outre à la célébration ; il en serait de même si les père et mère ou aïeuls, quoique absents, attestaient l'identité par l'acte authentique de leur consentement; s'ils étaient morts, l'identité serait valablement attestée pour les mineurs par le conseil de famille, et pour les majeurs, par les quatre témoins de l'acte de mariage[1].

Mais un individu peut se trouver dans l'impossibilité de produire son acte de naissance, et cependant il n'en doit pas résulter pour lui l'incapacité de se marier; il a donc fallu chercher dans ce cas des moyens supplétifs : la loi se contente alors (art. 70) d'un acte de notoriété délivré par le juge de paix du lieu de la naissance ou par celui

1. Avis du conseil d'Etat, approuvé par S. M., le 30 mars 1808.

du domicile. L'acte de notoriété est un acte par lequel on atteste qu'un fait est constant, notoire. «Cet acte (art. 71) devra contenir la déclaration faite par sept témoins de l'un ou de l'autre sexe, parents ou non parents, des prénoms, nom, profession et domicile du futur époux, et de ceux de ses père et mère, s'ils sont connus, le lieu et, autant que possible, l'époque de sa naissance et les causes qui empêchent d'en rapporter l'acte. Les témoins signeront l'acte de notoriété avec le juge de paix; et s'il en est qui ne puissent ou ne sachent signer, il en sera fait mention.» Cet acte devra ensuite (art. 72) être homologué par le tribunal de première instance du lieu où doit se célébrer le mariage, à l'effet de juger des causes qui empêchent de rapporter l'acte de naissance et du mérite des déclarations; l'homologation sera donnée ou refusée par le tribunal, après avoir entendu le procureur de la République.

c) Les futurs époux devront justifier à l'officier de l'état civil du consentement des pères et mères, ou des aïeuls et aïeules, ou d'un tuteur *ad hoc*, ou enfin du conseil de famille, selon les différents cas prévus au chapitre Ier du Mariage. Ce consentement peut être verbal, si l'ascendant dont il émane assiste à la célébration du mariage; s'il est absent, il devra le donner par un acte authentique; il en sera de même, quand le conseil de famille sera appelé à consentir. Si les parents, dont le consentement est requis, sont morts ou absents, et que l'on soit dans l'impossibilité de produire leur acte de décès ou la preuve de leur absence, il pourra être procédé à la célébration du mariage des majeurs, sur leur déclaration par serment que le lieu du décès et celui du dernier domicile de leurs ascendants leur sont inconnus. Cette déclaration devra être certifiée aussi par serment des quatre témoins de l'acte de mariage.

L'officier de l'état civil devra faire mention dans l'acte de mariage de ces déclarations. Nous devons remarquer, en outre, que ce que le législateur a eu l'intention d'exiger dans le consentement, c'est la désignation de la personne avec laquelle l'enfant doit se marier; le père doit juger du choix que fait son fils et suppléer par son expérience à l'inexpérience de celui-ci. «L'acte de consentement (art. 73) devra contenir les prénoms, noms, professions et domiciles des futurs époux, et de tous ceux qui auront concouru à l'acte, ainsi que de leur degré de parenté.»

Dans certains cas, à défaut de consentement des personnes ci-dessus dénommées, il y aura lieu à présentation d'un acte respectueux fait dans les formes prescrites par les art. 151 et suivants du Code.

L'officier de l'état civil sera condamné à la peine prononcée par les art. 156 et 157, s'il a procédé à la célébration du mariage, à défaut de la présentation du consentement ou de l'acte respectueux. L'officier de l'état civil devra encore se faire remettre une expédition authentique des dispenses, s'il en a été accordé.

II. *Du lieu où le mariage doit être célébré.* — On ne devait célébrer le mariage que dans un lieu où les époux fussent connus ; or, il n'en serait pas ainsi, si le mariage avait toujours lieu au domicile réel, puisque l'on peut avoir ce domicile dans une commune où l'on n'a jamais été. Ce n'était donc pas d'après les règles ordinaires que le domicile devait s'établir, quant au mariage; aux termes de l'art. 74, le mariage sera célébré dans la commune où l'un des époux aura son domicile établi par six mois d'habitation continue. Le lieu de la localité sera la maison commune; néanmoins, comme les mariages *in extremis* ne sont pas prohibés, il n'est pas défendu dans ce cas à l'officier de l'état civil de se transporter dans une habitation particulière, pour y célébrer un mariage.

III. *Des formalités qui accompagnent la célébration du mariage.* — «Le jour désigné par les parties (art. 75), après les délais des publications, l'officier de l'état civil, en présence de quatre témoins, parents ou non, fera lecture aux parties des pièces mentionnées précédemment, relatives à leur état et aux formalités du mariage et du chapitre VI du titre du Mariage, sur les droits et les devoirs respectifs des époux. Il interpellera les futurs époux ainsi que les personnes qui autorisent le mariage, si elles sont présentes, d'avoir à déclarer, s'il a été fait un contrat de mariage et, dans le cas de l'affirmative, la date de ce contrat, ainsi que les noms et lieu de résidence du notaire qui l'aura reçu[1]. Il recevra de chaque partie, l'une après l'autre, la déclaration qu'elles veulent se prendre pour mari et femme; il prononcera, au nom de la loi, qu'elles sont unies par le mariage, et il en dressera acte sur-le-champ.»

IV. *De la rédaction des actes de mariage.* — «On énoncera (art. 76) dans l'acte de mariage : 1° les prénoms, noms, professions, âge, lieux de naissance et domiciles des époux; 2° s'ils sont majeurs ou mineurs; 3° les prénoms, noms, professions et domiciles des pères et mères; 4° le consentement des pères et mères, aïeuls et aïeules et celui de la famille, dans le cas où ils sont requis; 5° les actes respectueux, s'il en a été fait; 6° les publications dans les divers domiciles; 7° les oppositions, s'il y en a eu, leur main-levée ou la mention qu'il n'y a pas eu d'opposition ; 8° la déclaration des contractants de se prendre pour époux, et le prononcé de leur union par l'officier public; 9° les prénoms, noms, âge, professions et domiciles des témoins, et leur déclaration s'ils sont parents ou alliés des parties, de quel côté et à quel degré.»

En cas de mariage d'un Français en pays étranger (art. 171) dans les trois mois après le retour de celui-ci en France, l'acte de célébration sera transcrit sur le registre public des mariages du lieu de son domicile.

Des actes de mariage des militaires. Les militaires de l'armée de terre et de mer, en garnison dans l'intérieur de la France, qui veulent contracter mariage sont soumis aux mêmes règles que les autres Français. La règle de six mois de domicile leur est également applicable; et ils devront même, outre le consentement exigé plus haut, produire celui du ministre de la guerre, s'ils sont officiers, et celui du conseil d'ad-

1. Loi du 10 juillet 1850.

ministration de leur corps, s'ils sont sous-officiers ou soldats. Tout officier de l'état civil qui sciemment aurait célébré le mariage d'un militaire en activité de service, sans s'être fait remettre lesdites permissions, ou qui aurait négligé de les joindre à l'acte de célébration, sera destitué de ses fonctions[1]. Les militaires hors du territoire de la République sont soumis aux mêmes règles, quant au mariage, que les autres Français, sauf les exceptions énoncées plus haut, et celles contenues dans l'art. 94 du Code Napoléon. «Les publications de mariage de militaires et employés à la suite des armées, dit cet article, seront faites au lieu de leur dernier domicile; elles seront mises, en outre, vingt-cinq jours avant la célébration du mariage, à l'ordre du jour du corps pour les individus qui tiennent à un corps, et à celui de l'armée ou du corps d'armée pour les officiers sans troupes et pour les employés qui en font partie.»

SECTION IV.

DES ACTES D'ADOPTION.

Aux termes de l'art. 359 du Code Napoléon, toute adoption sera inscrite à la réquisition de l'adopté ou de l'adoptant sur les registres de l'état civil du lieu où ce dernier sera domicilié, dans les trois mois qui suivront l'arrêt de la cour d'appel qui l'aura admise. Cette inscription n'aura lieu que sur le vu d'une expédition en forme du jugement de la cour d'appel, et l'adoption restera sans effet, si elle n'a pas été inscrite dans ce délai. Tant que l'adoption n'est pas inscrite, les parties peuvent revenir contre elle-même, par consentement exprès. Il est à remarquer que, puisque l'inscription peut être requise par l'une ou l'autre des parties, la mort de l'adoptant avant cette inscription ne serait pas un obstacle à l'adoption, l'adopté ayant le droit d'en requérir l'inscription.

1. Décrets du 16 juin, 3 avril, 28 août 1808.

SECTION V.

DES ACTES DE RECONNAISSANCE DES ENFANTS NATURELS.

La reconnaissance d'un enfant naturel pourra se faire par ses père et mère ou par l'un d'eux seulement (art. 336) dans son acte de naissance, si elle n'a pas eu lieu dans l'acte de naissance, ou s'il n'existe pas d'acte de naissance, elle pourra l'être postérieurement par déclaration devant l'officier de l'état civil, et même dans tout acte authenthique (art. 334). Ainsi un notaire, un juge de paix, lorsqu'il siége en bureau de conciliation et qu'il est assisté de son greffier, un tribunal, pourront recevoir une reconnaissance d'enfant naturel. L'acte de reconnaissance d'un enfant (art. 62) sera inscrit sur les registres de l'état civil à sa date, et il en sera fait mention en marge de l'acte de naissance, s'il en existe un. Cette seconde partie de l'art. 62 a été spécialement inscrite dans la loi pour servir de renseignement à l'enfant qui retirerait l'extrait de son acte de naissance, et qui pourrait ignorer la reconnaissance ultérieure.

Il s'agit de savoir s'il pourrait y avoir lieu à reconnaissance d'un enfant légitime dans le cas où son acte de naissance aura été rédigé d'une manière incomplète et n'énoncerait pas sa filiation; pour résoudre cette question, il faut recourir au titre VII du Code Napoléon. Le législateur nous dit que la filiation naturelle ne se prouve jamais par l'acte de naissance, mais à la suite d'une recherche judiciaire, dans le cas où elle est permise, et par une reconnaissance qui peut, à la vérité, être faite dans l'acte de naissance lui-même ; il résulte de là que cet acte de naissance n'a pour but que de prouver le fait de la naissance et que si on y ajoute une reconnaissance, c'est là un second fait joint au premier et qui en est indépendant. La filiation légitime, au contraire, se prouve par l'acte de naissance lui-même (art. 319) ; cet acte a pour but, en effet, de prouver la naissance et la filiation ; il sera donc incomplet, tant que cette filiation ne sera pas indiquée. Or, un acte de naissance incomplet ne peut être rectifié qu'en vertu d'un jugement (art. 99) ; donc il suit de là qu'une reconnaissance d'enfant légitime tendant à rectifier son acte de naissance ne sera pas admise[1].

La reconnaissance d'un enfant naturel peut avoir lieu sur mer et à l'armée hors du territoire de la France et même indépendamment de son acte de naissance et de l'acte de célébration de mariage des père et mère, contrairement à l'instruction ministérielle du 8 mars 1823.

CHAPITRE III.

Des cas d'inexistence, perte ou destruction des registres de l'état civil. — Des moyens d'y suppléer.

Nous avons vu que les actes de l'état civil faisaient foi jusqu'à inscription de faux de leur contenu ; en conséquence, à moins de s'inscrire en faux, on ne serait pas admis à faire, de quelque manière que ce soit, la preuve d'un état civil différent de celui énoncé dans les registres. Mais il peut arriver, dans des temps de troubles, par exemple, qu'on ne rédige point d'actes de l'état civil ; il peut même arriver que des registres régulièrement tenus se trouvent égarés ou anéantis en tout ou en partie par l'effet d'un incendie ou de quelque autre accident. Tel est le double cas prévu par l'art. 46 qui admet alors les preuves par titres et par témoins. «Les mariages, naissances et décès pourront être prouvés tant par les registres et papiers émanés des pères et mères décédés, que par témoins.» Mais il faudra d'abord établir, soit par témoins, soit par titres, le fait qui sert de fondement à l'exception dans laquelle on entend se placer, à moins qu'il ne s'agise d'une simple omission dont les causes ne soient pas indiquées, cas auquel la preuve de l'omission se confond avec celle de l'événement à

1. Telle est aussi l'opinion de M. Marcadé, tome Ier, sur l'art. 62.

constater. Si un seul feuillet d'un registre ou même un acte seulement avait été détruit ou était devenu illisible, les intéressés pourraient invoquer les dispositions de l'art. 46, car ce serait pour eux comme si le registre avait disparu tout entier.

Le cas d'inexistence, perte ou destruction des registres de l'état civil, une fois établi, il faudra recourir aux titres et aux témoins pour prouver l'état civil contesté. Si les naissances, les mariages et décès peuvent se prouver par témoins, ce genre de preuve ne sera pas admissible pour établir la filiation, lorsqu'elle sera contestée; car d'abord l'art. 46 ne parle que de la naissance et non de la filiation, et ensuite l'art. 323 n'admet cette preuve qu'autant qu'il y a commencement de preuve par écrit; les écrits auquel le législateur accorde, en pareille matière, le plus de confiance, sont les registres et papiers des pères et mères et autres ascendants, pourvu que les personnes dont ils émanent soient décédées.

JUS ROMANUM.

DE STATU HOMINUM.

Status vel caput est conditio vel qualitas cujus ratione homines diversis juribus utuntur. Ex hac qualitate descendit jus personarum.

Status hominum in naturalem et in civilem dividitur, quum vel a natura vel ab instituto hominum sit.

I. Status naturalis dividitur: quoad originem, quoad sexum, quoad ætatem.

1. *Quoad originem.* Homines sunt vel nascituri vel nati. Ex quo axiomate sequitur ut nascituri omnia jura in tempus nascendi integra retineant (3. D. si pars her. pet.). Nati sunt qui jam vivi ex utero prodierunt.

2. *Quoad sexum.* Nascuntur homines vel masculi vel fœminæ, et hæc divisio etiam jure civili observanda est, nam in multis juris articulis deterior est conditio fœminarum quam masculorum (9. D. de stat. hom.). Cum de hermaphrodito agitur, ejus sexus æstimandus est qui in eo prævalet (10. D. de stat. hom.).

3. *Quoad ætatem.* Sunt homines vel minores vel majores. Minores vel impuberes vel puberes sunt; impuberes usque ad annum 7 infantes

sunt; pubertas minus plena in masculis anno 14, in fœminis 12; plena, in pueris anno 18, in puellis 14 incipit et anno 25 finitur. Majores 25 annis sunt vel juvenes vel senes.

II. Status civilis in statum libertatis, civitatis et familiæ dispescitur.

1. *De statu libertatis.* Secundum statum libertatis omnes homines vel servi, vel liberi habentur.

a) Servitus est constitutio juris gentium, qua quis dominio alieno contra naturam subjicitur (2. Inst. de jur. pers.).

Servi ex eo appellati sunt, quod Imperatores captivos vendere, ac per hoc servare nec occidere solent; mancipia etiam appellantur quod ab hostibus manu capiuntur (3. Inst. de jur. pers.).

Servi sunt homines et non personæ, in alterius justo dominio constituti; itaque sunt res (32. § 2, D. de legat. II) et sine capite (Inst. de capit. dem.), sed tamen posterius fuerunt servi qui fundo vel glebæ adscripti erant, et qui non erant res.

Servi aut nascuntur ant fiunt (4. Inst. de jur. pers.): nascuntur ex ancillis nostris; fiunt et in dominium nostrum rediguntur aut jure civili aut jure gentium, nam secundum jus naturale omnes homines æquales sunt.

Jure civili, cum liber homo, major viginti annis, ad pretium participandum sese venumdari passus est (4. Inst. de jur. pers.); item si quis libertus in patronem ingratus fuit (Just. Nov. 78, c. 2); olim cum liber homo in metallum vel in opus metalli damnaretur, servus pœnæ fiebat, quæ servitus sublata fuit per Novellas (Just. Nov. 22, c. 8); etiam meretrices quæ libidinis commercium habebant cum servo, adversante domino, in servitutem constituebantur. Jure gentium, servi sunt qui in bello capiuntur. Servitus tribus modis finitur: morte servi, jure postliminii et manumissione.

b) Libertas est naturalis facultas ejus quod cuique facere libet, nisi si quid vi aut jure prohibetur (1. Inst. de jur. pers.).

Liberi homines vel ingenui vel libertini sunt. Ingenuus est qui statim ut nascitur liber est (Inst. de ingen.), quod fit si quis matrem vel tempore conceptionis, vel tempore partus, vel tempore intermedio per momentum saltim liberam habuit etsi libertinam (cpr. Inst. de ingen.).

Imo sufficit ad ingenuitatem, si mater jure sit libera, quamvis de facto adhuc serviat. Cum autem ingenuus aliquis natus est, non officit ei in servitute fuisse, et postea manumissum. Sed homo liber qui se vendidit, manumissus non ad statum suum revertitur quo se abdicavit, sed efficitur libertinæ conditionis (21. D. de stat. hom.). Illud superest observandum quod ingenuum accipere debemus, etiam cum de quo sententia lata est, quamvis fuerit libertinus, quia res judicata pro veritate habetur (25. D. de stat. hom.). Nuncquam voluntate propria libertas amittitur.

Libertinus est qui ex justa servitute manumissus fuit; justam servitutem dicimus, nam qui in servitute tantum fuit, non ingenui jura amittit, ut supra diximus. Manumissio scilicet est datio libertatis (Inst. de libert.). Manumissio a jure gentium originem sumpsit, utpote cum jure naturali omnes liberi nascerentur, nec esset nota manumissio, cum servitus ignota esset. Olim tribus modis tantum manumissio fiebat, censu, vindicta, testamento; sed paulatim aliæ manumissiones introductæ sunt, per epistolam, inter amicos, per codicillum, in sacrosanctis ecclesiis; erant adhuc alii modi quos invenimus enumeratos in Codice (§ 3-12. C. de lat. libert. toll.).

2. *De statu civitatis.* — Status civitatis est universitas jurium quibus fruuntur soli cives Romani, exclusis peregrinis et multo magis barbaris; peregrinitas est igitur conditio qua quis civitatis alicujus et proprii illius juris incapax redditur. Jure civili gaudebant non solum qui origine Romani erant, sed etiam illi qui, vel ipsi hoc jus adepti erant manumissione aut adoptione (7. C. de incolis), vel qui erant cives ejus civitatis cui hoc jus donatum erat. Pecularia erant civibus Romanis jura connubiorum, patriæ potestatis, testamentorum, legitimarum hereditatum, census, militiæ legionariæ, honorum, sacerdotum, etc.

a) Ingenui homines in Orbe Romano degentes alii erant cives Ro–

mani, alii peregrini; rursus peregrini subdividebantur in Latinos, Italicos et Provinciales.

Latini erant antiquissimis temporibus, Latii incolæ, fœderati populi Romani. Jus Latinorum in eo consistebat ut quorumdam jurium cum civibus Romanis communionem haberent, et tempore belli copias militum auxiliares mittere tenerentur; sed tamen vivebant suis legibus suisque parebant magistratibus; vivebant quidem ut liberi, habebant enim jus commercii, sed tamen nihil ex testamento capere poterant, nisi intra diem erectionis; sed moriebantur ut servi, quia testamentum facere non poterant.

Italici multa cum Latinis habebant communia, suis, ut illi, parebant magistratibus, suisque vivebant legibus, verum non hoc jure gaudebant, ut ad civitatem ipsis aditus esset per magistratum in sua patria gestum.

Provinciales erant incolæ earum regionum quas armis devictas, populus Romanus redegerat; parebant magistratibus Romanis, qui ad eos gubernandos mittebantur, legesque populi Romani accipiebant.

Hæc divisio ingenuorum stetit usque ad tempora Antonini Caracallæ tunc omnes cives Romani effecti sunt (17. D. de stat hom. Just. Nov. 78, c. 5).

b) Priscis temporibus omnes libertini cum libertate civitatem Romanam accipiebant, sed solum censu, vindicta aut testamento manumissi; posterius alii, cives, alii, Dedititii, alii Latini Juniani fiebant.

Lege Ælia Sentia (sub Augusto lata) libertinus civis Romanus fiebat, cum 30 annis natus esset, cum manumissor dominium ex jure Quiritum haberet, cumque manumissio facta esset censu, vel vindicta, vel testamento; præterea domino minori viginti annis, non aliter manumittere permittebatur quam vindicta, si apud consilium justa causa manumissionis approbata fuisset.

Eadem lege, libertini qui, dum servi in carcere fuissent crimine convicti, non cives Romani fieri poterant, sed Dedititiis assimilabantur. Libertini Dedititii libertate solum fruebantur et quibusdam juribus concessis iis quibus assimilabantur.

Lege Junia Narbona, libertini qui manumissi fuerant aliis modis quam censu, vindicta aut testamento, Latini Juniani fiebant, et fruebantur iisdem juribus quam Latini.

Illi qui per manumissionem non poterant regulariter civitatem cum libertate adipisci, uno casu eam accipiebant, cum servus a domino qui solvendo non erat, unus heres institutus fuisset.

Justinianus Dedititiam primo, deinde Latinam conditionem sustulit voluitque ut omnes qui manumitterentur cum libertate civitatem Romanam acciperent. (C. de Dedit. libert. toll. et de Lat. lib. toll.)

Itaque omnes tam libertini quam ingenui qui in Orbe Romano degunt sunt cives Romani; qui extra, dicuntur Barbari.

3. *De statu familiæ.* Familiæ appellatio varie accepta est, modo in res, modo in personas deducitur. Jure proprio familiam dicimus plures personas quæ sunt sub unius patrisfamilias potestate aut natura aut jure subjectæ. Communi jure familiam dicimus omnium adgnatorum; nam, etsi patrefamilias mortuo, singuli singulas habent familias, tamen omnes qui sub unius potestate fuerunt, recte ejusdem familiæ appellabuntur, qui ex eadem domo et gente proditi sunt (195. D. de verb. signif.). Sunt agnati, cognati per virilis sexus cognationem conjuncti; atqui per fœminei sexus personas cognatione junguntur non sunt agnati, sed alias naturali jure cognati (1. Inst. de legit. adgnat. tut.).

Omnes personæ vel sui vel alieni juris sunt: id est, aliæ sunt patres aut matresfamilias, etsi nullos habeant liberos, etiam mulier familiæ suæ et caput et finis est; aliæ vero quæ alieni juris aut in potestate aut in manu sunt, in potestate sunt filii et filiæfamilias, in manu uxor.

4. *De capitis deminutione.* Est capitis deminutio prioris status mutatio (Inst. de cap. demin.), vel amissio; illud venit quod omnes Romani in tabulas censuales referebantur secundum illorum statum libertatis, civitatis et familiæ, et cum mutatio aut amissio status esset, uno capite tabulæ minuebantur (Vid. Heinec. Pand., l. 4, t. 5, § 505).

Maxima capitis deminutio est cum aliquis simul et civitatem et libertatem amittit ; media, cum civitas amittitur, libertas vero retinetur, quod accidit ei cui aqua et igni interdictum fuerit, vel ei qui in insulam deportatus est ; minima, cum et civitas et libertas retinetur, sed status familiæ commutatur, quod accidit adrogatione, vel legitimatione his qui sui juris erant et qui cœperunt alieno juri subjecti esse ; vel adoptione plena, familia solum mutata ; vel emancipatione his qui alieni juris erant et qui sui juris fiunt (1. 2. 3. Inst. de cap. demin.).

5. *De actionibus.* Actiones quæ ad statum civilem spectant præjudiciales vocantur ; illæ in rem esse videntur : quales sunt per quas quæritur an aliquis liber an libertus sit, vel de partu agnoscendo (13. Inst. de action.). Hæ actiones præjudiciales dicuntur quod aliam actionem quæ postea introducitur sæpius antecedunt (6. D. si ingen. 2. 5. 6. C. de ord. cognit.).

Immerito credas hoc genus actionum ad statum civilem tantum spectare (vid. Inst. Gaii, Comm. 4. § 44).

DROIT CRIMINEL.

DES ATTENTATS A LA SURETÉ DE L'ÉTAT.

Un territoire, des institutions et un gouvernement qui les maintient et les met en pratique, telles sont les conditions qui donnent à une société d'hommes les caractères distinctifs qui en font une nation, un être moral, composé de ces divers éléments dont l'ensemble constitue l'État.

L'État est la chose publique, la *respublica* des Romains, pour la défense de laquelle ses plus grands hommes ont combattu et ont sacrifié leur vie. Il est la garantie de tous les droits civils et politiques; car sans État, point de lois, point d'autorité, point de nationalité, point de progrès.

S'il est un besoin pour toute société naissante de se donner des lois et un gouvernement, il n'est pas moins nécessaire à toute nation civilisée de maintenir ce qui fait sa force et de réprimer avec une juste sévérité toute tentative qui détruirait sa constitution sociale, toute attaque qui pourrait amoindrir son intégrité ou la mettre en péril; le plus grand des fléaux qui puisse, sans contredit, frapper une société, c'est celui de la désorganisation et de l'anarchie.

Partout et toujours ce fut un crime de s'armer contre la patrie, de se liguer et de conspirer avec ses ennemis, de violer et de renverser les institutions nationales; ces crimes furent connus à Rome sous le nom de *cri-*

mina majestatis, et sous notre ancienne monarchie ils furent qualifiés des noms de *félonie*, de *haute trahison*, de *lèse-majesté*.

Notre Code pénal désigne tous ces actes par le nom de crimes et délits contre la sûreté de l'État; il distingue ceux qui mettent en péril la sûreté extérieure, menaçant le territoire et la nationalité française, ou favorisant les entreprises des ennemis du dehors; et ceux qui attentent à la sûreté intérieure, soit par des attaques contre les institutions ou le gouvernement dans sa forme et la personne de son chef, soit par la guerre civile, l'illégal emploi de la force armée, la dévastation et le pillage publics.

Tous les attentats à la sûreté de l'État, soit extérieure, soit intérieure, sont qualifiés du nom de crimes politiques; mais nous devons établir ici une distinction profonde entre le caractère moral de ces crimes : il en est contre lesquels le législateur devra déployer toute la rigueur des peines et se montrer d'une sévérité impitoyable; tel est le crime de celui qui trahit sa patrie et qui combat avec ses ennemis; tel est encore le crime de celui qui, sous un prétexte politique, mais dans des vues intéressées, cherche à renverser l'ordre existant de la société, qui porte une main homicide sur la personne du chef de l'État, et fomente la guerre civile, en faisant couler des flots de sang, pour arriver, au milieu du désordre et de la consternation générale, aux places, aux honneurs et à la fortune. Dans ce cas, la loi doit avant tout défendre la société contre les agressions sauvages d'hommes aux passions haineuses et dévastatrices, qui n'ont d'autre but que le pillage et la destruction, et ne laissent derrière eux que la ruine et l'incendie.

Ne confondons pas toutefois avec ces crimes des actes qui ont été semblablement qualifiés par la loi, parce qu'ils ont immédiatement les mêmes conséquences, et qu'ils procèdent à peu près par les mêmes moyens, mais qui diffèrent essentiellement par l'intention qui les a inspirés. Les premiers n'ont d'autre motif que l'intérêt personnel, les derniers ont pour but de faire triompher des principes et des théories que leurs auteurs croient plus favorables au bien-être de la société; leur motif généreux leur sert d'excuse et empêche de les placer dans la même catégorie que ceux dont nous avons parlé plus haut. Pourquoi, cependant, tout en les excusant sous ce rapport, sommes-nous souvent forcés de les condamner, c'est que leurs auteurs emploient, pour les accomplir, une violence que la société réprouve, et qui lui fera toujours horreur, c'est qu'on peut leur reprocher d'avoir fermé les yeux sur les maux de toute espèce où ils entraînaient leur patrie, sur le sang dont ils rougissaient leurs mains, et que peut-être ils n'auraient pas eu besoin de verser, s'ils n'avaient pas obéi à leur aveugle impatience, s'ils avaient cherché à arriver à leur but par de plus légitimes moyens. Ce que le législateur réprouve dans un cas, c'est la perversité de l'intention, dans l'autre ce n'est que l'erreur et les moyens, employés pour la faire triompher. D'un autre côté, toute attaque illégale contre la constitution de l'État, contre son mode d'existence, contre son gouvernement, est un fait immoral, en ce sens qu'elle constitue la violation d'un devoir imposé à l'homme comme membre de la société; néanmoins l'immoralité de ces crimes politiques n'est pas la même en général que celle des autres; les condamnés politiques ne sont pas confondus dans l'opinion publique avec les autres condamnés, car la constitution d'une nation, sa forme sociale n'est qu'une institution humaine essentiellement variable, et dont les modifications rapides se plient incessamment aux besoins des temps et des mœurs. «L'immoralité des délits politiques, dit M. Guizot, n'est ni aussi claire, ni aussi immuable que celle des crimes privés; elle est sans cesse travestie ou obscurcie par les vicissitudes des choses humaines; elle varie selon les temps, les événements, les droits et les mérites du pouvoir; elle chancelle à chaque instant sous les coups de la force, qui prétend la façonner selon ses caprices et ses besoins. A peine trouverait-on dans la sphère de la politique quelque acte innocent ou méritoire qui n'ait reçu en quelque coin du monde ou du temps une incrimination légale[1].» Cependant nous devons ajouter que cette immoralité augmente en raison de la légitimité des droits du pouvoir, s'ils ont un fondement plus solide, s'ils ont été sanctionnés par tout un peuple.

1. De la peine de mort en mat. polit., p. 37.

SECTION PREMIÈRE.

DES CRIMES ET DÉLITS CONTRE LA SURETÉ EXTÉRIEURE DE L'ÉTAT.

I. Tout Français qui aura porté les armes contre la France, sera puni de mort (art. 75, Code pén.). Il résulte de cet article que, pour constituer ce crime, deux conditions sont indispensables : Il faut 1° que le prévenu soit Français, et il n'y a que l'individu français de nation, soit par droit de naissance, soit par droit de naturalisation, qui puisse commettre ce crime ; celui qui aurait été autorisé avant la guerre par le chef de l'État à servir une puissance étrangère, tomberait même sous le coup de l'art. 75, s'il restait au service d'une nation en hostilité avec la France.

Mais que dirons-nous du Français qui se serait fait naturaliser en pays étranger : lui sera-t-il défendu de s'enrôler sous les drapeaux de sa nouvelle patrie, et si une guerre éclate entre ce pays et celui qui l'a vu naître, devra-t-il quitter le service militaire qu'il avait pris, pour ne pas s'exposer à l'application des dispositions du Code pénal français ? Pour résoudre la question, ouvrons le Code Napoléon, et nous verrons (art. 17), que la qualité de Français se perd par la naturalisation en pays étranger ; car, en effet, si la patrie a le droit d'exiger du citoyen certains sacrifices, et même jusqu'à celui de sa vie pour sa défense, ce n'est qu'en échange de la protection dont ses lois le couvrent ; mais s'il a renoncé à cette protection, s'il est allé vers d'autres lois, s'il a porté sa tente dans un autre pays, comment lui imposer encore les mêmes obligations ? Les mêmes devoirs l'enchaîneront encore à la vérité, mais ce sera envers sa patrie adoptive, l'homme ne pouvant avoir deux patries. Il est donc évident pour nous que, par la naturalisation, le Français perd sa qualité première, et n'étant plus Français, il ne peut plus être soumis à cette loi, qui ne concerne que ceux qui jouissent de cette qualité. Telle est l'opinion de MM. Chauveau, Hélie [1] et Rauter [2]

1. Théor. du C. p., tome II, ch. 16, § 1.
2. Traité de Dr. crim., tome Ier, n° 278.

que nous croyons conforme aux vrais principes, contrairement aux décrets du 6 avril 1809 et du 16 août 1811. Remarquons cependant que celui qui, pour toute autre cause, aurait perdu la qualité de Français, ne pourrait, par ce motif, se soustraire à l'application de l'art. 75, car un acte illégal ne saurait procurer l'impunité pour un autre acte illégal et pénal; il en serait de même du soldat français qui aurait déserté ses drapeaux, car alors il foulerait aux pieds à la fois ses devoirs de citoyen et de soldat.

Il faut 2° que le prévenu ait porté les armes contre la France. Sont considérés comme coupables du port d'armes contre la France tous les Français qui se sont trouvés publiquement rangés parmi les troupes d'une puissance étrangère dirigées contre la France et engagées réellement avec elle; cependant, aux termes des décrets de 1809 et de 1811, l'art. 75 paraît applicable à tous ceux qui ont servi dans les armées d'une nation en guerre avec la France, ou qui, ayant pris du service à l'étranger, ne sont pas rentrés aux premières hostilités, et cela sans distinction, s'ils ont été réellement en conflit avec les armées françaises, et si en fait ils ont agi et coopéré contre elles; ces décrets n'ont pas été expressément abrogés, mais on pourrait soutenir, qu'ayant été rendus inconstitutionnellement, ils ne peuvent être invoqués [1]. Ce n'est pas seulement au service étranger qu'un Français peut porter les armes contre la France, il le peut aussi pour son propre compte, soit en établissant lui-même un parti politique, soit en s'y ralliant [2]; mais il faudra que l'attaque armée vienne du dehors, car si elle était opérée dans l'intérieur, ce serait un crime contre la sûreté intérieure de l'État.

II. La loi pénale a prévu et incriminé dans des dispositions distinctes les correspondances nuisibles à la situation militaire et politique de la France, la révélation des secrets de l'État, la communication des plans des places fortes et des fortifications, les machinations et les manœuvres qui ont pour objet, soit de provoquer des hostilités, soit de livrer à l'ennemi l'entrée du territoire, enfin le récel en temps de guerre des espions et des soldats de

1. Rauter, *loc. cit.*
2. Rauter, *loc. cit.*, n° 279.

l'ennemi. Chacun de ces faits n'est qu'un démembrement d'un crime générique : celui de trahison; mais leur gravité relative et la diversité de leurs résultats leur assignent des places distinctes dans les incriminations de la loi.

1° «Quiconque (art. 76) aura pratiqué des machinations ou entretenu des intelligences avec les puissances étrangères ou leurs agents, pour les engager à commettre des hostilités ou à entreprendre la guerre contre la France, ou pour leur en procurer les moyens, sera puni de mort. Cette disposition aura lieu dans le cas même où lesdites machinations ou intelligences n'auraient pas été suivies d'hostilités.» Dans ce cas, la loi punit la simple provocation, quoiqu'elle n'ait pas été suivie d'effets.

2° Les mêmes manœuvres et intelligences, lorsqu'elles ont pour but de seconder les armes des ennemis de l'État, en leur facilitant l'entrée du territoire, ou en leur enlevant les villes, forteresses, postes, vaisseaux appartenant à la France, ou en leur fournissant par l'embauchage ou de toute autre manière des secours en soldats, hommes, argent, vivres, armes ou munitions, constituent un crime (art. 77) qui emporte également la peine capitale. Nous remarquerons en outre que le crime d'embauchage de soldats français sous les drapeaux est spécialement prévu et puni par la loi du 4 nivôse an IV. Quant aux secours de vivres fournis à l'ennemi, Carnot enseigne[1] que cette disposition ne s'applique qu'aux convois de vivres. Il ne s'agit plus ici de puissances étrangères, mais d'ennemis de l'État, et en conséquence il faut dire que cet article n'est applicable qu'au cas de guerre déclarée, à l'état flagrant d'hostilités. L'art. 77 n'ayant pas reproduit la dernière disposition de l'art. 76, on doit en conclure que, pour que le crime existe, il faut que les manœuvres et intelligences aient été suivies de quelques effets funestes.

3° «Si la correspondance (art. 78) avec les sujets d'une puissance ennemie, sans avoir pour objet l'un des crimes énoncés en l'art. 77, a néanmoins eu pour résultat de fournir aux ennemis des instructions nuisibles à

1. Comment. sur le C. p., tome Ier, art. 77.

la situation militaire ou politique de la France ou de ses alliés, ceux qui auront entretenu cette correspondance seront punis de la détention, sans préjudice de plus forte peine, dans le cas où ces instructions auraient été la suite d'un concert, constituant un fait d'espionnage. » Toutefois il ne faut pas perdre de vue que la seule utilité de l'État, le seul péril auquel un acte peut l'exposer, ne suffirait pas pour légitimer l'application d'une peine, si cet acte avait été commis sans nulle intention criminelle. «Il convient, a dit Cambacérès[1], que les juges prononcent plutôt d'après l'intention des prévenus, que d'après le fait matériel; il peut y avoir des intelligences qui au dehors ne présentent pas le caractère de la félonie et qui néanmoins au fond soient véritablement hostiles. » C'est un crime spécial qui n'est pas la trahison, mais qui la précède ; qui ne livre pas la France à l'ennemi, mais qui lui fournit les moyens de préparer ses entreprises. «On conçoit, dit Carnot[2], ce qui peut être nuisible à la situation militaire de la France, mais il n'est pas aussi facile de se faire une idée de ce qui peut être nuisible à sa politique. » Il faut, dans ce cas, une grande prudence de la part du juge, qui est appelé à constater une culpabilité.

L'art. 79 étend la protection des dispositions que nous venons de parcourir aux alliés de la France, agissant contre l'ennemi commun, et ce n'est que dans ce cas que les dispositions des art. 76, 77, 78 sont applicables aux alliés ; car, en effet, ces alliés, combattant avec la France pour le même intérêt, il est juste qu'ils soient garantis et protégés par les mêmes lois.

4° Après les correspondances criminelles, un fait qui se présente avec un caractère très-grave, c'est la révélation du secret d'une négociation par les personnes auxquelles ce secret a été confié. En vertu de l'art. 80, «sera puni de mort tout fonctionnaire public, tout agent du gouvernement, ou toute autre personne qui, chargée ou instruite officiellement ou à raison de son état, du secret d'une négociation ou d'une expédition, l'aura livré aux agents d'une puissance étrangère ou de l'ennemi. » Le crime prévu existe-

1. Proc. verb. du cons. d'Et., séance du 12 oct. 1808; Locré, tome XXIX, p. 333.
2. *Loc. cit.*, art. 78.

rait même, à plus forte raison, si le secret avait été livré à un souverain étranger en personne. Il n'importe pour l'existence du délit que la livraison du secret ait été ou non nuisible à la France ; mais de ce que la loi suppose que le secret a été livré, il suit que si le secret a été surpris à celui qui le possédait par ruse ou autrement, l'art. 80 ne sera pas applicable. Le Code pénal de 1791 exigeait qu'on eût agi méchamment et traîtreusement.

5° Le crime de soustraction de plans de fortifications pour les livrer à l'ennemi, se présente dans deux espèces, suivant qu'il a été commis par le préposé chargé de leur dépôt ou par toute autre personne.

« Tout fonctionnaire public (art. 81), tout agent, tout préposé du gouvernement, chargé, à raison de ses fonctions, du dépôt des plans de fortifications, arsenaux, ports ou rades, qui aura livré ces plans ou l'un de ces plans à l'ennemi ou aux agents de l'ennemi, sera puni de mort. Il sera puni de la détention, s'il a livré ces plans aux agents d'une puissance étrangère, neutre ou alliée. »

« Toute autre personne (art. 82) qui, étant parvenue, par corruption, fraude ou violence, à soustraire lesdits plans, les aura livrés ou à l'ennemi, ou aux agents d'une puissance étrangère, sera punie comme le fonctionnaire ou agent mentionné dans l'article précédent, et selon les distinctions qui y sont établies. Si lesdits plans se trouvaient, sans le préalable emploi de mauvaises voies, entre les mains de la personne qui les a livrés, la peine sera, au premier cas, mentionné dans l'art. 81, la déportation ; et au second, un emprisonnement de deux à cinq ans. » Il ne s'agit pas, dans le cas prévu par cet article, des plans qui auraient appartenu à celui qui les a livrés, lorsque le commerce n'en n'était pas interdit.

6° « Quiconque (art. 83) aura recélé ou aura fait recéler les espions ou les soldats ennemis envoyés à la découverte et qu'il aura connus pour tels, sera condamné à la peine de mort. » Toutefois l'excuse de la force majeure pourra être alléguée par le recéleur.

III. Il est des actes imprudents et téméraires qui peuvent attirer sur les Français des représailles, et sur l'État la guerre avec ses chances et ses malheurs. Pour prévenir de pareils désastres, il fallait établir des peines sévères contre ceux qui pourraient en être la cause : tel est le but des art. 84 et 85. «Si on n'avait pas mis dans le Code des peines contre l'homme qui expose son pays à la guerre, si le crime était impuni, dit M. Dupin[1], il n'y aurait aucune satisfaction légale à donner à l'étranger qui se plaint; la guerre serait le seul remède, ou bien on ferait, comme chez les peuples anciens : on attacherait cet homme, les mains derrière le dos avec une corde, on lui ferait franchir la frontière et on le livrerait à l'étranger, pour qu'il puisse en faire justice. Il y aurait inhumanité, il faut que le pays ait ses lois, qu'il y ait des juges français pour juger et punir les coupables, afin qu'on offre aux étrangers une juste satisfaction.»

1° «Quiconque (art. 84) aura, par des actions hostiles, non approuvées par le gouvernement, exposé l'État à une déclaration de guerre, sera puni du bannissement; et si la guerre s'en est suivie, de la déportation.» Par actes hostiles on ne peut guère entendre que des faits de guerre commis par des hommes publics, et pour ainsi dire sous les couleurs nationales. Cependant si l'accusé s'était attribué un faux titre pour commettre des hostilités, que la puissance étrangère croirait autorisées par le gouvernement français, il y aurait lieu à l'application de l'art. 84. Dans toute autre circonstance on retomberait dans le cas de l'art. 85.

2° «Quiconque (art. 85) aura, par des actes non approuvés par le gouvernement, exposé des Français à éprouver des représailles, sera puni du bannissement.» Il s'agit ici d'actes matériels comme des attaques réelles contre les personnes ou contre les propriétés. La piraterie pourrait aussi rentrer dans le cas qui nous occupe, mais elle est punie par une loi particulière, celle du 10 avril 1825. La disposition de cet article ne pourrait pas s'appliquer à de simples injures, sans dépasser les bornes qu'elle comporte naturellement, car la peine ne serait plus dans une juste proportion avec la nature du délit. Par représailles on doit entendre toutes voies de fait et toutes violences contre les personnes ou contre les propriétés des Français ordonnées ou autorisées par un gouvernement étranger.

1. Réquis. dans l'aff. Jauge (Jour. du Dr. crim., 1834, p. 337).

SECTION II.

DES CRIMES CONTRE LA SURETÉ INTÉRIEURE DE L'ÉTAT.

Parmi les crimes contre la sûreté intérieure de l'État, il en est qui sont essentiellement politiques et qui tendent directement au renversement du gouvernement établi, en attaquant soit ses principes, soit son chef, soit ses institutions, et que l'on comprend ordinairement sous le nom d'*insurrection* ou *conspiration*. Il est d'autres qui tendent à troubler l'État par la guerre civile, l'illégal emploi de la force armée, la dévastation et le pillage publics, et dont le fait est d'attaquer directement une ou plusieurs classes de citoyens, de se constituer en force armée et d'usurper violemment les droits ou les biens de l'État; c'est ce qu'on appelle *guerre civile* ou *sédition*[1].

Les dispositions du Code pénal frappent de mort les auteurs de la plupart de ces crimes; mais le crime politique étant essentiellement variable selon les temps, les événements, les mérites du pouvoir, l'application de la peine capitale parut souverainement injuste, et puis elle n'a plus, comme dans les temps anciens, l'effet d'abattre un parti dans la personne de son chef; « aucune tête n'est, de nos jours, assez haut placée pour entraîner par sa chute celle de tous les membres du même parti; la peine de mort ne s'adresse aujourd'hui, en matière politique, qu'à des passions et des idées, et jamais les supplices n'ont modifié les idées ou désarmé les passions[2]. » Depuis longtemps ces principes avaient été reconnus et consacrés par l'usage, sans être sanctionnés expressément par le législateur, quand parut la Constitution du 4 novembre 1848, qui par son art. 5 abolit la peine de mort en matière politique; mais cette abolition ne s'applique qu'aux crimes essentiellement politiques qui n'ont aucun rapport avec les autres; quant aux

1. Rauter, *loc. cit.*, n° 289.
2. Guizot, *loc. cit.*

crimes complexes, c'est-à-dire à la fois politiques et ordinaires, ils rentrent dans le droit commun, sans que le but politique qui les a fait commettre soit en lui-même une circonstance atténuante. La peine de mort étant donc abolie en matière politique, quelle sera, dans les différents cas où elle est infligée par le Code pénal, la peine correspondante? La peine, immédiatement inférieure à celle de mort, applicable aux crimes politiques, n'est pas la peine des travaux forcés, comme l'avait jugé la Cour d'assises du Calvados[1], mais celle de la déportation (Cour de cass., 3 février 1849) et, du reste, une loi du 8-10 juin 1850 a rendu toute équivoque impossible, en sanctionnant l'opinion de la Cour de cassation. C'est donc la peine de la déportation qui remplacera celle de mort dans les différents cas où elle est infligée par le Code.

I. La loi du 28 avril 1832, qui a révisé le Code pénal, a établi une démarcation profonde entre le complot et l'attentat; car il était injuste de comparer la simple résolution du crime à son accomplissement. «Combien d'incertitudes, en effet, disait le rapporteur de la Chambre des députés, ou de remords entre le projet et l'exécution! Combien d'avertissements salutaires apportent avec eux les préparatifs, les précautions, les difficultés et cet aspect du crime prochain presque inévitable, qui fait souvent pâlir les plus intrépides et désarme les plus résolus!» Nous diviserons la matière des art. 86 et suivants en trois parties : 1° proposition non agréée de former un complot; 2° complot; 3° attentat.

1° «S'il y a eu (art. 89) proposition faite et non agréée de former un complot pour arriver aux crimes mentionnés dans les art. 86 et 87, dont nous parlerons plus loin, celui qui aura fait une telle proposition, sera puni d'un emprisonnement d'un an à cinq ans; il pourra de plus être interdit en tout ou en partie des droits mentionnés en l'art. 42 du Code pénal.» C'est le danger seul qui peut justifier l'incrimination d'un acte qui échappe ordinairement à l'action de la loi pénale ; ce péril ne peut être allégué que lorsqu'il s'agit d'un complot contre la vie du chef de l'État, car un complot

1. Arr. du 7 déc. 1848.

contre l'établissement politique exigeant des relations étendues, des forces nombreuses, des complices, des agents, des préparatifs, la proposition non agréée pour former ce complot, n'est qu'un acte d'impuissance, dont l'État n'éprouve aucun péril, aucune alarme, car un immense intervalle sépare la proposition de l'exécution.

2° Le complot est le deuxième degré du crime. Il y a complot dès que la résolution d'agir est concertée et arrêtée entre deux ou plusieurs personnes. «Le complot (art. 89) ayant pour but les crimes mentionnés aux art. 86, 87, s'il a été suivi d'un acte commis ou commencé pour en préparer l'exécution, sera puni de la déportation. S'il n'a été suivi d'aucun acte commis ou commencé pour en préparer l'exécution, la peine sera celle de la détention.» En droit commun, quelque sûre que soit la volonté criminelle, ce n'est que lorsque l'exécution ou la tentative lui donnent un caractère de certitude irrévocable, que la loi peut proclamer un crime et punir; mais nous voyons d'après cet article qu'ici il n'en est plus de même, et des motifs politiques viennent à l'appui de cette exception; ces motifs, nous les trouvons énoncés dans le discours du rapporteur de la loi de 1832, et nous ne croyons pouvoir mieux faire que d'en citer un fragment: «Dans les crimes contre la sûreté de l'État, une telle longanimité de la loi aurait d'immenses périls. Un crime privé ne met pas en danger la puissance qui doit le réprimer; l'État survit à la victoire. Le succès le plus complet ne donne au coupable aucune chance d'impunité. Le criminel d'État est dans une condition bien différente: son ennemi est aussi son juge, la victoire lui donne le pouvoir et lui rend les droits de l'innocence. Ici la répression ne peut plus attendre la tentative, car une tentative heureuse rendra la répression impossible, et l'existence seule du complot est un incalculable danger. C'est donc pour l'État un droit de légitime défense que d'incriminer et de punir le complot avant son entière exécution.»

Il est du devoir du juge d'environner l'incrimination de règles précises, et de graduer les peines suivant la gravité du complot; nous croyons même que la peine de la déportation, dans le cas où elle est infligée par l'art. 89, devra l'être moins rigoureusement que dans le cas où elle remplacera la peine de mort, car il n'a pas été dans la pensée du législateur d'assigner les mêmes peines à des crimes qui diffèrent essentiellement dans leur gravité.

La loi du 24 mai 1834 et l'ordonnance du 23 février 1837 incriminent successivement, comme délits distinctifs du complot, la fabrication, le débit, la distribution et la détention des armes prohibées par la loi, et même, si ces actes étaient connexes à une accusation de complot, ils seraient punis comme préparatifs de l'attentat ; détachés de cette accusation, ils ne sont plus considérés que comme des infractions matérielles à la loi.

Il nous reste à parler de la résolution individuelle d'agir que prévoit l'art. 90 : «Lorsqu'un individu aura formé seul la résolution de commettre l'un des crimes prévus par l'art. 86, et qu'un acte pour en préparer l'exécution aura été commis ou commencé par lui seul et sans assistance, la peine sera celle de la détention.» Il faut donc qu'il soit constaté que cette résolution avait pour but l'attentat contre la vie ou la personne du chef de l'État, et qu'il y ait eu un acte commis ou commencé pour en préparer l'exécution.

3° Quand la résolution d'agir est prise, quand le complot est formé, il ne reste plus qu'à poursuivre jusqu'au bout l'exécution de ses desseins criminels; c'est alors que se présente l'attentat sous ses diverses faces. Le législateur considère dans l'art. 88 comme attentat l'exécution et même la simple tentative d'exécution, mais il n'a pu entendre que la tentative équivalente à l'exécution, c'est-à-dire celle qui est considérée comme le crime même par l'art. 2 du Code pénal, et non l'acte préparatoire de la tentative ou de l'exécution.

D'après les dispositions du Code pénal, il n'y a attentat que quand un acte de force brutale a été commis : telle est l'opinion consacrée par un arrêt de cassation du 26 avril 1817 ; mais une loi postérieure, du 9 septembre 1835, considère comme attentat à la sûreté de l'État toute provocation aux crimes prévus par les art. 86, 87, par le moyen de discours, de cris ou menaces proférés dans les lieux ou réunions publics, d'écrits, d'imprimés, de dessins, de gravures, de peintures ou emblêmes vendus ou distribués, mis en vente ou exposés dans des lieux ou réunions publics, et de placards et affiches exposés aux regards du public.

L'attentat, dans le sens des art. 86, 87, c'est tantôt l'acte qui met en péril la vie du chef de l'État, tantôt le soulèvement tendant à la destruction du gouvernement, tantôt l'insurrection contre l'autorité du chef; avant la Révolution de 1848, l'attentat contre la vie ou la personne des membres de la famille royale était sur le même rang.

a) «L'attentat (art. 86) contre la vie ou contre la personne du roi est puni de la peine du parricide.» Cette disposition reste applicable sous la nouvelle forme de gouvernement que la France s'est donné, en substituant au mot roi celui de président de la République. L'art. 86 ajoute : «Toute offense commise publiquement envers la personne du *roi* sera punie d'un emprisonnement de six mois à cinq ans, et d'une amende de cinq cents francs à dix mille francs. Le coupable pourra en outre être interdit de tout ou partie des droits mentionnés en l'art. 42, pendant un temps égal à celui de l'emprisonnement auquel il aura été condamné. Ce temps courra à compter du jour où le coupable aura subi sa peine.»

b) «L'attentat (art. 87) dont le but sera soit de détruire, soit de changer le gouvernement, sera puni de mort.» Cette peine n'étant plus applicable, sera remplacée par celle de la déportation.

c) «L'attentat (art. 87) dont le but sera d'exciter les citoyens ou habitants à s'armer contre l'autorité *royale*, sera puni de mort.» Disons comme plus haut, de la déportation; cette loi serait donc applicable même dans le cas où ce serait des étrangers habitant le territoire français qu'on aurait excités.

L'art. 87 comprend encore le cas de l'attentat ayant pour but de changer l'ordre de successibilité au trône, mais il ne peut plus en être question aujourd'hui.

II. Nous allons nous occuper maintenant : 1° des complots et attentats qui ont pour but d'exciter à la guerre civile, de porter la dévastation et le massacre dans les communes, des crimes d'enrôlement illicite, d'usurpation de commandement, d'emploi illégal de la force publique et d'incendie des édifices de l'État; 2° des tentatives criminelles commises par des bandes armées et séditieuses, et 3° de la définition et de la circonstance aggravante du port d'armes.

1° Les crimes dont nous allons parler ne sont que la manifestation, dans des espèces distinctes, d'une même pensée, celle de troubler l'ordre public par différents moyens, en s'attaquant au pouvoir social. Cette volonté spéciale et ce caractère politique sont donc les premiers éléments de ces crimes; aussi s'ils ne s'y rencontraient pas, l'attaque changerait complétement de nature et perdrait de sa gravité.

a) L'art. 91 punit de mort l'attentat dont le but sera d'exciter la guerre civile en armant ou en portant les citoyens ou habitants à s'armer les uns contre les autres, et de porter la dévastation, le massacre et le pillage dans une ou plusieurs communes. C'est donc le but coupable d'exciter à la guerre civile qui constitue le crime prévu par notre article; il faut, en outre, que les partis poursuivent des intérêts politiques différents ou opposés; le cas prévu par la loi n'existerait pas, si le but avait été une rixe privée entre deux populations de communes[1]. D'après la nouvelle législation, la peine de mort sera remplacée par celle de la déportation. «Le complot, continue le même article, ayant pour but l'un des crimes prévus au présent article, et la proposition de former ce complot, seront punis des peines portées en l'art. 89, suivant les distinctions qui y sont établies.

b) «Seront punis de *mort* (art. 92), c'est-à-dire de la déportation, ceux qui auront levé ou fait lever des troupes armées, engagé ou enrôlé, fait engager ou enrôler des soldats, ou leur auront fourni ou procuré des armes ou munitions, sans ordre ou autorisation du pouvoir légitime.» La Cour suprême[2] a jugé que la tentative de lever ou enrôler des troupes est punissable comme le crime lui-même, par application de l'art. 2 du Code pénal. L'agent qui aurait procédé à une levée d'hommes sans l'autorisation du pouvoir, serait excusable, s'il avait agi par l'ordre de ses supérieurs

1. Rauter, *loc. cit.*, n° 296.
2. Arr. du 13 fév. 1823.

dans le rang hiérarchique, et que cet enrôlement fût un acte de ses fonctions.

c) «Ceux (art. 93) qui, sans droit ou motif légitime, auront pris le commandement d'un corps d'armée, d'une troupe, d'une flotte, d'une escadre, d'un bâtiment de guerre, d'une place forte, d'un poste, d'un port, d'une ville. Ceux qui auront retenu contre l'ordre du gouvernement un commandement militaire quelconque. Les commandants qui auront tenu leur armée ou troupe rassemblée après que le licenciement ou la séparation en auront été ordonnés, seront punis de mort.» Le motif légitime dont il s'agit pourrait être l'urgence de la chose; si, par exemple, dans une invasion ennemie subite, dans une révolte de troupes, quelqu'un avait pris momentanément un commandement pour rétablir l'ordre. Remarquons, comme dans les cas précédents, que la déportation devra remplacer la mort; cependant en sera-t-il de même dans les cas prévus par la fin de l'art. 93? Ces dispositions trouveraient plutôt leur place dans le Code militaire, auquel nous ne croyons pas que s'applique le bienfait de l'art. 5 de la Constitution de 1848; toutefois, puisque le législateur a jugé à propos d'inscrire cette disposition dans le Code pénal commun, il serait injuste de faire une exception à raison de la qualité des criminels, d'autant plus que la position d'un chef militaire en temps de révolution est très-difficile, et que es nouvelles, se croisant en tous sens, peuvent souvent lui faire prendre une détermination précipitée et irréfléchie; mais il ne s'agit ici que d'un crime essentiellement politique, car si les mêmes actes criminels avaient été commis dans d'autres circonstances, le coupable retomberait sous le coup de la loi militaire.

d) «Toute personne (art. 94) qui, pouvant disposer de la force publique, en aura requis ou ordonné, fait requérir ou ordonner l'action ou l'emploi contre la levée des gens de guerre légalement établie, sera punie de la déportation. Si cette réquisition ou cet ordre ont été suivis de leur effet, le coupable sera puni de mort», disons de la déportation; cependant, pour établir une gradation dans l'application de cette peine, elle devra être plus rigoureuse dans le second cas que dans le premier.

e) «Tout individu (art. 95) qui aura incendié ou détruit, par l'explosion d'une mine, des édifices, magasins, arsenaux, vaisseaux ou autres propriétés appartenant à l'État, sera puni de mort.» Si nous rapprochons cet article de l'art. 435 du même Code, nous remarquerons qu'ils diffèrent très-peu l'un de l'autre : leur principale différence réside dans le caractère politique des crimes de l'art. 95. La peine de la déportation devra remplacer celle de mort dans les cas où le crime ordinaire, joint au crime politique, n'entraînera pas de peine plus forte; dans le cas contraire, on devra appliquer la peine du droit commun.

2° Les crimes contre la sûreté de l'État peuvent être commis par des bandes armées. La loi pénale a dû prévoir ce moyen formidable d'exécution. Ce qui distingue l'existence des bandes armées prévues par les art. 96 et suiv. de celles prévues par les art. 210 et suiv. et 265 et suiv., c'est leur organisation et leur but; ces premières supposent une association préalable, un commandant en chef, une certaine discipline; quant à la question de savoir quel nombre d'individus est nécessaire pour former cette bande, ce n'est qu'une appréciation de fait abandonnée aux juges. Le but de ces crimes est clairement énoncé dans les art. 96 et 97, et sans ce but on ne devrait plus considérer ces bandes armées que comme de simples attroupements.

L'art. 96 s'applique uniquement aux chefs des bandes armées et aux complices qui leur ont fourni des secours. «Quiconque, soit pour envahir des domaines, propriétés ou deniers publics, places, villes, forteresses, postes, magasins, arsenaux, ports, vaisseaux ou bâtiments appartenant à l'État, soit pour piller ou partager des propriétés publiques ou nationales, ou celles d'une généralité de citoyens, soit enfin pour faire attaque ou résistance envers la force publique agissant contre les auteurs de ces crimes, se sera mis à la tête des bandes armées, ou y aura exercé une fonction ou commandement quelconque, sera puni (de *mort*), de la déportation. La même peine sera appliquée à ceux qui auront dirigé l'association, levé ou fait lever, organisé ou fait organiser les bandes, ou leur auront sciemment et volontairement fourni ou procuré des armes, munitions et instruments de crime, ou envoyé des convois de subsistances, ou qui auront de toute autre manière pratiqué des intelligences avec les directeurs ou commandants des bandes. »

Les art. 97 et 98 établissent des peines différentes contre les individus faisant partie des bandes, d'après le caractère des crimes qu'elles auront commis. « Dans le cas (art. 97) où l'un ou plusieurs des crimes mentionnés aux art. 86, 87 et 91 auront été exécutés ou simplement tentés par une bande, la peine (*de mort*), de la déportation, sera appliquée, sans distinction de grade, à tous les individus faisant partie de la bande et qui auront été saisis sur le lieu de la réunion séditieuse. Il en sera de même de ceux qui, quoique non saisis sur le lieu, auront dirigé la sédition, ou auront exercé dans la bande un emploi ou commandement quelconque. »

« Hors (art. 98) le cas où la réunion séditieuse aurait eu pour objet ou résultat l'un ou plusieurs des crimes énoncés aux art. 86, 87 et 91, les individus faisant partie des bandes dont il est parlé ci-dessus, sans y exercer aucun commandement ni emploi, et qui auront été saisis sur les lieux, seront punis de la déportation. »

L'art. 99 punit des travaux forcés à temps, comme complices de la sédition, ceux qui, connaissant le but et le caractère desdites bandes, leur auront, sans contrainte, fourni des logements, lieu de retraite ou de réunion. Nous croyons devoir blâmer, avec Chauveau et Hélie[1], l'application de la peine des travaux forcés à un crime politique ; cette peine honteuse et avilissante n'était réservée qu'aux criminels ordinaires, et nulle autre disposition ne l'a appliquée aux crimes politiques.

Afin d'ouvrir un moyen de salut à ceux qui, entraînés dans un moment d'égarement, voudraient ensuite rentrer dans le devoir, et pour leur donner un motif et un engagement à le faire, le législateur leur offre une espèce d'amnistie dans l'art. 100, par lequel « la peine du crime de sédition est remise à tous ceux qui, ayant fait partie de ces bandes, sans y exercer aucun commandement et sans y remplir aucun emploi ni fonction, se seront

1. Th. du C. p., tome III, ch. 18, § 2, p. 45.

retirés au premier avertissement des autorités civiles ou militaires, ou même depuis, lorsqu'ils n'auront été saisis que hors des lieux de la réunion séditieuse, sans opposer de résistance et sans armes. Ils ne seront punis, dans ces cas, que des crimes particuliers qu'ils auraient personnellement commis, et néanmoins ils pourront être renvoyés, pour cinq ans ou au plus jusqu'à dix, sous la surveillance spéciale de la haute police.» La politique s'allie ici avec la justice, car s'il convient de punir les séditieux, il n'importe pas moins de dissoudre les séditions.

3° Après avoir défini les crimes commis par des bandes armées, le législateur a cru devoir déterminer quels objets seraient considérés comme des armes; l'art. 101 comprend dans le mot *armes* «toutes machines, tous instruments ou ustensiles tranchants, perçants ou contondants. Les couteaux et ciseaux de poche, les cannes simples, ne seront réputés armes qu'autant qu'il en sera fait usage pour tuer, blesser ou frapper.» Il en résulte que les objets même les plus inoffensifs en soi peuvent devenir armes, si ce n'est par nature, au moins par destination; ainsi les pierres, les bâtons, deviennent armes entre les mains de celui qui s'en est muni avec le dessein de s'en servir pour l'exécution d'un crime, et qui s'en est servi.

SECTION III.

DE LA RÉVÉLATION ET DE LA NON-RÉVÉLATION DES CRIMES QUI COMPROMETTENT LA SÛRETÉ DE L'ÉTAT.

La révélation des crimes politiques n'est plus demandée aujourd'hui, par la loi comme elle l'était par le Code pénal de 1810; le législateur a pensé qu'il devait abandonner à la conscience éclairée des citoyens l'accomplissement d'un devoir que l'intérêt public commande, mais qu'une certaine répugnance accompagne toujours; il se contente de faire briller l'espérance de l'impunité aux yeux du coupable qui préviendra l'attentat et en assurera la répression, en dévoilant ses complices. «Seront exemptés des peines prononcées contre les auteurs de complots ou d'autres crimes attentatoires à la sûreté de l'État (art. 108), ceux des coupables qui, avant toute exécution ou tentative de ces complots ou de ces crimes, et avant toutes poursuites commencées, auront les premiers donné au gouvernement ou aux autorités administratives ou de police judiciaire connaissance de ces complots ou crimes, et de leurs auteurs ou complices, ou qui, même depuis le commencement des poursuites, auront procuré l'arrestation desdits auteurs ou complices. Les coupables qui auront donné ces connaissances ou procuré ces arrestations pourront néanmoins être condamnés à rester pour la vie ou à temps sous la surveillance de la haute police. »

SECTION IV.

DES JURIDICTIONS CHARGÉES DE LA CONNAISSANCE DES ATTENTATS A LA SÛRETÉ DE L'ÉTAT.

Si nous jetons un coup d'œil sur notre législation depuis soixante ans, sans remonter plus haut, nous verrons que ce fut toujours à des Cours où à des tribunaux spéciaux que fut attribuée la connaissance des crimes et délits politiques.

La Constitution de 1791 établit une Cour nationale, formée de membres du tribunal de cassation et de hauts jurés, chargée de connaître des délits des ministres et agents principaux du pouvoir exécutif et des crimes qui attaquaient la sûreté générale de l'État, lorsque le Corps législatif avait rendu un décret d'accusation contre eux.

La Constitution de l'an III établit une Cour à peu près semblable.

D'après le Sénatus-consulte de l'an XII, une Haute Cour impériale, dont le siége était au sein du Sénat, connaissait des délits personnels commis par des membres de la famille impériale, par des ministres, par des sénateurs, et des crimes et complots contre la sûreté de l'État.

La Charte constitutionnelle de 1814 et celle de 1830 attribuèrent à la Chambre des pairs la connaissance des crimes de haute trahison et des attentats à la sûreté de l'État définis par la loi. La Charte de 1830 a, en outre, attribué au jury la connaissance des délits politiques que la loi du

8 octobre 1830 a définis. — Peut-être la gravité des circonstances a-t-elle parfois nécessité et justifié l'emploi de ces juridictions exceptionnelles : cependant après des luttes de partis, il peut y avoir danger à remettre à des hommes exaltés par des passions politiques la balance de la justice ; il est à craindre que cette balance ne devienne entre leurs mains la balance de Brennus.

Depuis la révolution de 1848, la connaissance des crimes et délits politiques, et de tous ceux commis par la voie de la presse, fut attribuée au jury, à moins, toutefois, qu'elle ne le fût à la Haute Cour de justice, établie par les art. 91 et 92 de la Constitution du 4 novembre. Cette Cour, composée de cinq juges et de trente-six jurés, pris parmi les membres des conseils généraux, devait juger, sans appel ni recours en cassation, les accusations portées par l'Assemblée nationale contre le président de la République et les ministres, et contre toutes personnes prévenues de crimes, attentats ou complots contre la sûreté de l'État. Nous avons vu successivement deux lois, l'une du 26 janvier et l'autre du 10 août 1849, renvoyer devant les Hautes Cours de Bourges et de Versailles les auteurs et complices des attentats du 15 mai 1848 et du 13 juin 1849.

La Constitution du 14 janvier 1852 a maintenu l'institution d'une Haute Cour de justice pour juger toutes personnes renvoyées devant elle par un décret du président de la République. Un Sénatus-consulte devra en déterminer l'organisation.

Ainsi, en définitive, les crimes dont la connaissance ne sera pas attribuée à la Haute Cour, seront jugés par les cours d'assises, à moins qu'ils n'aient été commis dans des lieux en état de siége, car alors les prévenus pourront tomber sous la juridiction militaire des conseils de guerre (loi du 9 août 1849).

Vu pour l'impression.
G. P. HEPP.

Strasbourg, ce 5 août 1852.

FIN.

www.ingramcontent.com/pod-product-compliance
Ingram Content Group UK Ltd.
Pitfield, Milton Keynes, MK11 3LW, UK
UKHW020406230726
13925UKWH00003B/1280

9 782014 053685